한일관계 위기,
어떻게 극복할 것인가?

식민지배 책임문제

도츠카 에츠로戶塚悦朗 지음

김창록金昌祿 옮김

한일관계 위기, 어떻게 극복할 것인가?
식민지배 책임문제

초판 1쇄 인쇄   2022. 7. 14.
초판 1쇄 발행   2022. 7. 29.

지은이   도츠카 에츠로
옮긴이   김창록
펴낸이   김경희
펴낸곳   (주)지식산업사
본사 ● (10881)경기도 파주시 광인사길 53
전화: 031 – 955 – 4226~7 팩스: 031 – 955 – 4228
서울사무소 ● (03044)서울시 종로구 자하문로6길 18 – 7
전화: 02 – 734 – 1978, 1958 팩스: 02 – 720 – 7900
누리집   www.jisik.co.kr
전자우편   jsp@jisik.co.kr
등록번호   1 – 363
등록날짜   1969. 5. 8.

   ISBN 978 – 89 – 423 – 0002 – 0(03910)

이 책에 대한 문의는
지식산업사로 연락해 주시기 바랍니다.

한일관계 위기,
어떻게 극복할 것인가?

식민지배 책임문제

안중근의 유묵 〈독립獨立〉. 류코쿠대학 도서관 소장

도츠카 에츠로 지음

김창록 옮김

지식산업사

일러두기

1. 이 책은 도츠카 에츠로戶塚悅朗, 《日韓関係の危機をどう乗り
   越えるか？－植民地支配のとりかた》, 星雲社, 2021을 완역한
   것이다.
2. 번역을 하면서는 직역을 원칙으로 하되 필요한 최소한의 범위
   에서 윤문을 했다.
3. 원저의 '筆者'는 모두 '저자'로 바꾸었다.
4. 원저의 본문에 표기된 서지사항 가운데 각주로 처리하는 것이
   더 적절하다고 판단되는 두 개를 각주로 옮겼고, 그 결과 머
   리말의 각주 3과 맺음말의 각주 1이 추가되었다.
5. 대법원 판결이나 한국 신문의 기사와 같이 원본이 한국어문인
   경우 최대한 원본을 그대로 옮겼다.
6. 원저의 '日韓'은 '한일'로, '日中韓'은 '한중일'로, '中韓'은 '한중'
   으로, '日露'는 '러일'로 바꾸었다.

한국어판 서문

《한일관계 위기, 어떻게 극복할 것인가》의 한국어판이 출판되게 된 것은 뜻밖의 기쁨이다. 이 책에서 소개된 연구의 발단은, 1905년 11월 17일부의 한국 보호조약이 무효라고 한 1963년의 국제연합 ILC 보고서를 발견한 때로 거슬러 올라간다. 그것은 1992년의 일이었다. 그로부터 꼭 30년 뒤에 한국어판이 출판되게 되어 감개가 무량하다. 저자의 연구 진행이 왜 이렇게 오랜 시간이 걸렸던가, 거기에는 그럴 만한 이유가 있었다. 한일관계의 문제점과 관계된 것에 대해서는 이 책에서 자세히 설명되어 있다.

한국어판의 출판은 이태진 명예교수의 따뜻한 지원이 없었다면 이루어질 수 없었다. 안중근 대한의군 참모

중장 재판의 불법성에 관한 연구 발표 기회를 저자에게 주었던 것도, 저자의 연구가 불충분한 점에 대해서 적확하게 지적해 준 것도 이 선생이었다. 한일의 구 조약 원본에 대한 이 선생의 연구로부터 참으로 많은 것을 배웠다. 저자의 연구는 이 선생의 지도가 없었더라면 불가능했다고 생각한다. 그 모든 것에 대해 이 선생에게 깊이 감사한다.

한국어판 번역은 국제학회에서 몇 차례 만났던 김창록 교수가 해 주게 되었다. 바쁜 가운데 김 교수에게 노고를 끼치게 되어 무어라고 할 말이 없다. 법률적인 내용에서도 이 분야의 권위자인 김 교수가 번역해 준 것은 대단한 일로서 마음으로부터 예를 표한다.

또 한국어판 출판에 협력해 준 석오문화재단과 출판사 지식산업사에도 깊은 감사를 드린다.

한국어판 독자 여러분으로부터 솔직한 비판을 받게 된다면, 연구에 더 매진하는 데 매우 좋은 기회가 되리라고 생각한다. 한일 화해의 길은 앞으로도 계속 고난의 긴 여정이 되리라고 생각한다. 불법 식민지지배라고 하는 중대한 가해 책임이 있는 일본 국민의 한 사람으로서, 무거운 짐을 지고 이 길을 계속 걸어가는 것이 허락된다면 그것으로 다행이다.

2022년 4월 2일

도츠카 에츠로

머리말

저자가 왜 이 책을 쓰게 되었는지, 그 경위를 간단하게 소개하고자 합니다.

저자는 1992년 2월에 일본군 '위안부'를 '성노예'로 바꿀 것을 유엔 인권위원회에 제기했습니다. 그래서 이 문제에 관해 유엔을 무대로 일본 정부와 법적 논쟁을 계속하게 되었습니다. 일본 정부가 어떤 법적 권한에 바탕을 두고,, 한반도의 여성을 군 '위안부'로 동원할 수 있었는지에 관해 법적 근거를 연구할 필요를 느끼게 된 것도 그 때문이었습니다. 그러나 군 '위안부' 제도를 설치하는 근거법으로서 (일본) 국내 법규가 어느 곳에서도 발견되지 않았습니다. 보수파와 일부 정치가의 주장과는 달리, '위안부' 제도는 공창제를 규제한

국내법규의 적용 범위 밖에 있는, 법외의 비밀제도였던 것입니다.

그래서 더 상위의 기본법을 검토할 필요가 있다고 생각하여, 식민지지배 법제의 근원이 된 1905년 한국 보호조약과 그것을 기초로 한 1910년 한국병합조약의 효력에 대한 연구를 시작하게 되었습니다. 런던대학 객원연구원 당시인 1992년 가을이었습니다. '1905년 한국 보호조약은 효력이 발생하지 않은 절대적 무효'라고 한 1963년의 유엔 총회에 대한 유엔 국제법위원회(ILC) 보고서를 런던대학 고등법학연구소(IALS) 도서관에서 '발견'하고서 매우 놀랐습니다. 같은 해 11월 18일 유엔 총회는 이 보고서에 유의하며, 특히 국제법위원회의 조약법조약 기초에 관한 작업에 감사의 뜻을 표했습니다. 이 사실은 유엔 미가맹 상태였던 대한민국에도 조선민주주의인민공화국에도 알려져 있지 않았습니다. 일본에서도 일반인에게는 알려져 있지 않았습니다. 그것을 즉시 일본 사회에 소개하는 것은, 엄격한 '터부'를 건드려 격렬한 저항을 받을 가능성이 있다는 사실을 알고서 곤혹스러웠습니다.

이 ILC보고서의 내용과 '위안부' 문제의 관련성에 관한 고찰은, 1993년에 유엔의 NGO인 국제우화회(IFOR)를 통해, 유엔 인권위원회에 문서(영문)로 제출하여 보고했습니다. IFOR을 통한 유엔에 대한 보고는 마이니치신문, The Japan Times 등의 미디어에도 보도되었고, 일본 국회에서도 논의되게 되었습니다. 그 무렵부터 한일 연구자 사이에서 한일 구 조약의 효력문제에 관한 논의가 활발하게 전개되게 된 것은 환영할 만한 일이었습니다.

이로써 식민지지배에 대한 '터부'가 깨지고 연구와 논의가 진전될 것이라고 기대했습니다. 그런데 기대와 달리 그렇게 순조롭게 전개되지는 않았습니다. 그 이유는 지금도 잘 모르겠습니다. 일본 사회에서는 이 식민지지배 문제는 계속해서 주된 '터부'였던 것입니다.

저자 자신도 그런 '표현의 부자유'의 분위기를 느꼈기 때문에, 연구 활동이 활발하지는 못했다(유감스럽게도 '용기가 없었다'라고 해야 할까요?)는 사실을 고백하지 않을 수 없습니다. 지금은 그에 대해 반성하고 있습니다. 참으로 부끄러운 일입니다만, 1992년의 '발견'에 관해 16년이나 지난 뒤인 통감부 100년을 계기로 겨우 학술지인 《류코쿠龍谷 법학》에 논문[1]을 발표하게 되었던 것입니다.

2010년 한국병합 100년을 맞이하기에 앞서 2008년 10월에 민간의 시민운동 '한국병합' 100년 시민 네트워크가 창설되었습니다. 저자도 공동대표의 한 사람으로 이 운동에 참가한 것이 계기가 되어 연구가 한 걸음 더 발전했습니다.

아래와 같은 사정도 연구 활동이 활발하게 된 이유의 하나였습니다. 당시 근무하고 있던 류코쿠대학(교토京都시)의 후카쿠사深草 캠퍼스 도서관에 안중근 대한의군大韓義軍 참모중장의 '유묵'이 보관되어 있었던 것입니다. 이 '유묵'과 우연히 만난 것을 계기로 안중근 대한의군 참모중장 재판의 불법성에 대한 연구를 시작하게 되었습니다. 다행히 이 일이 계기가 되어 종종 한국에서 열린 국제회의에 초대받게 되었습니다. 이렇게

· ·

1 戸塚悦朗, 〈統監府設置100年と乙巳保護条約の不法性 - 1963年 国連国際法委員会報告書をめぐって〉, 《龍谷法学》 39-1, 2006.6, 15~42면.

해서 한일 구 조약 특히 1905년 11월 17일 '한일협약'에 대한 연구가 더욱 깊어져 갔습니다. 많이 늦어졌습니다만, 2018년 10월에 그 연구[2]가 마침내 완성되었습니다. 연구에 착수한 지 26년 만의 일이었습니다만, 이 최종단계의 지체는 저자의 학문적인 능력이 부족하기 때문이었습니다.

그 직후, 2018년 10월 30일에 한국 대법원이 전시 강제동원 피해자의 승소를 선언하는 판결을 선고했습니다. 그 판결문을 읽어보고, 그 핵심이 '불법적인 식민지배'라는 판단에 있다는 사실을 알게 되었습니다. 마침내 '식민지지배의 불법성 문제를 논의하지 않고서는 한일관계의 개선은 있을 수 없는 것 아닌가?'라고 생각하게 되었습니다. 그래서 이 판결에 대한 일본 사회의 이해를 심화시키기 위해 《'징용공 문제'란 무엇인가? – 한국 대법원 판결이 묻고 있는 것》(明石書店, 2019)[3]

. . . .

2 그 성과를 모아 戸塚悦朗, 《歴史認識と日韓の「和解」への道 ： 徴用工問題と韓国大法院判決を理解するために》, 日本評論社, 2019를 간행했다.

3 戸塚悦朗, 《「徴用工問題」とは何か？： 韓国大法院判決が問うもの》, 明石書店, 2019.

을 출판했습니다.

아베 신조安倍晋三 수상이 사임하고 2020년 9월에 스가 요시히데菅義偉 정권이 탄생하자 한일관계 호전에 대한 기대가 생겨났습니다. 11월 3일의 미국 대통령선거 결과, 국제협조주의를 주창하는 민주당의 바이든 전 부통령이 당선된 것도 한일관계에 바람직한 변화를 가져올 가능성이 있습니다. 한국으로부터는 계속 중요인물이 일본에 파견되고 있고, 한일관계의 재건을 위해 한일 고위급 협의가 거듭되고 있을 뿐만 아니라, 11월 14일에 화상회의 방식으로 이루어진 동남아시아연합(ASEAN)과 한중일 수뇌회담에서는 한국의 문재인 대통령은 유일하게 스가 씨에 대해서만 이름을 부르면서 말을 걸었다고 합니다.[4] 이러한 사실들이 한일관계의 급속한 개선이라는 성과로 이어질 수 있다면 바람직할 것이라고 생각합니다.

그러나 아베 신조 정권의 정책을 계승한다고 하며 수상의 자리를 차지한 스가 요시히데 새 수상의 대한

----

4 《朝日新聞》 2020.11.22 (조간 14판), 〈韓国, 対日関係立て直し バイデン政権にらみ南北対話戦略 元徴用工問題なお壁〉.

정책은 이전의 아베 정권 시대의 부負의 유산도 계승하고 있습니다. 나는 아래와 같은 문제점을 고려할 필요가 있다고 생각합니다.

한국 대법원 판결에 대해 아베 수상은 국회 답변 등에서 전개한 '논점 바꿔치기' 수법으로 1965년 한일 청구권협정 위반에 따른 일본의 피해를 전면에 내세워 한국이 조약 위반의 가해자라고 비난했습니다. 한일관계를 긴장시켜 2019년 7월 참의원선거를 유리한 방향으로 끌고 가려 한 것 아니겠습니까? 그러나 '논점 바꿔치기' 수법의 결과 전시 강제동원 문제의 핵심(식민지지배 책임 문제)을 시야에서 놓쳐 버린 일본은 한일관계 개선의 실마리를 찾지 못한 채 막다른 골목에 들어서 버렸습니다.

이 출구 없는 막다른 골목으로부터 벗어나려면 어떻게 해야 좋을까요? 그것을 독자와 함께 모색해 보고자 이 책을 집필했습니다.

2021년 3월 26일

사이타마 시의 자택에서

추천사

　이 책은 한일 사이의 오랜 숙제인 역사인식 차이 극복의 방향을 제시한 드문 안내서이다. 한국 측에서 말하면 일본의 식민지배 및 전쟁 책임에 대한 사죄의 길을 밝힌 것이다. 이 책은 원래 일본인들이 읽어야 할 책으로 낸 것이다. 대화체로 호소와 당부의 마음을 담았다. 1990년대 이래 관련 연구가 한, 일 두 나라에 적지 않게 쌓였지만, 중압감을 피해 주로 저자 자신의 연구를 근거로 논지를 구성하였다. 그래서 저자의 힘든 연구 행로를 그대로 읽을 수 있기도 하다. 그는 이 과제를 풀기 위해 인권 변호사에서 대학교수로 천직을 바꾸어 오늘도 연구에 여념이 없다.

　1993년 7월 31일 도쿄의 주오中央대학 쓰루가다이駿
河台 기념관에서 국제심포지움 "「한국병합」은 어떻게
이루어졌던가? -지금 생각해 보는 「종군위안부」 강제
연행 문제-"가 열렸다.[1] 필자는 이 자리에서 처음 저자
를 만났다. 이태진은 "〈을사조약〉〈정미조약〉의 법적
결함과 도덕성 문제," 도츠카 에츠로는 "을사보호조약
의 불법성과 일본 정부의 책임"을 각각 발표하였다. 서
로 비슷한 논제로 발표에 임하였다. 필자는 1992년 5
월 서울대학교 규장각도서 소장 자료에서 1905년 '보
호조약' 원본에 국가 원수의 비준 서명이 없다는 것,
그리고 1907년 '정미조약' 직후 순종황제의 조칙과 칙
령에 가해진 서명 60여 건이 통감부 관리들에 의해 위
조된 사실 두 가지 내용을 정리한 논문을 발표하였다.

....

1 이 회의의 발기인은 무려 95명에 달하였다. 하다다 다카시旗田巍
　교수를 비롯해 야마다 쇼지山田昭次, 고바야시 히데오小林英夫 등
　대부분이 대학교수들이었다. 일본의 대학교수 90여 명이 발기인
　이 된 국제학술회의가 달리 또 있는지 모르겠다.

그때 필자에게는 저자가 변호사 신분인데도 비슷한 주제의 논문으로 발표에 임한 것이 의아스러웠다. 대학교수도 아닌 사람이 어떻게 이런 전문적인 주제를 다루게 되었을까?

그는 2019년 11월에 출판한 《역사 인식과 한일 '화해'의 길》(日本評論社, 2019)의 서문에서 이 문제에 관심을 두게 된 경위를 다음과 같이 밝혔다. 즉 1992년 가을에 런던대학교(LSE 법학부) 객원 연구원으로 도서관에서 국제연합 국제법 위원회(ILC) 1963년 보고서를 발견하였는데 거기에 1905년 11월 17일부 「한국 보호조약」은 절대 무효라고 기술되어 있는 부분을 읽고 놀라움을 금치 못하였고, 이에 힘닿는 대로 조사 연구에 임하여 첫 발표를 하게 되었다고 하였다. 1992년 그와 나는 같은 주제의 자료를 지구 반대편에서 각각 발견하여 한일 간의 숙제 연구에 뛰어든 것이다. 그 뒤 30년의 세월이 흘렀는데도 서로가 같은 주제의 연구에서 벗어나지 못하고 있는 것은 일제 침략 마지막 시기에 태어난 세대의 사명감 같은 것에 잡혀 있는 것일까? 필자는 1943년생, 그는 1942년생이다.

도츠카 에츠로 교수는 1973년 제2 도쿄 변호사회 및 일본 변호사 연합회에 입회하여 변호사로 사회생활을 시작하였다. 1984년 이후로는 국제연합 인권 NGO 대표로서 인권 옹호 관련 국제 활동에 종사하였다. 국제연합 등 국제무대에서 정신장애자 등 피구금자의 인권 문제, 일본군 '위안부' 문제 등 인권문제에 관계하였다. 1990년대에는 한국 '위안부' 할머니들의 인권을 위한 활동에 열중하였다. 그러다가 1992년 이후로는 한일 문제에 관한 학술 연구의 필요성을 절실하게 느껴 리쓰메이칸立命館대학 대학원 국제관계학과에 입학하고 2000년 3월 고베神戸대학 대학원 국제협력과 조교수가 되었다. 2007년 박사학위를 취득하면서 교토의 류코쿠龍谷대학 법학부 및 법과대학원 교수로 부임하여 2010년에 정년퇴직하였다.

도츠카 교수는 서울에 오면 필자를 자주 찾았다. 개인적으로 또는 학술회의 참가로 자주 만났다. 초기에 그는 이런 얘기도 들려주었다. 런던으로 가는 길에 서울에서 잠시 체류할 때, 투숙한 호텔 방에서 판문점 관광 안내 쪽지를 발견하였다. 탑골 공원 옆에서 승차한다는 안내대로 그곳을 갔더니 관광버스는 보이지 않았다. 광고 쪽지가 해묵은 것이었다. 그래서 바로 옆에 있는 공원 안으로 들어가 기미 독립만세운동 기념탑 앞에 섰다. 그는 탑신에 부착된 동판 속의 그림을 보고 놀랐다. 일본 순경들이 만세를 부르는 한국인들을 향해 총칼을 겨누고 있는 장면에 너무 놀랐다. 그는 두근거리는 가슴을 쓰다듬으면서 영국행으로 가는 비행기를 타기 전 김포공항 서점에서 한국사 책을 샀다. 한국어를 읽지 못했기 때문에 영어로 된 책을 샀다. 재미 역사학자 앤드류 남(Andrew Nahm)[2]이 쓴 한국사였다. 3·1 독립 만세 운동의 역사 부분을 펼쳐 읽고 다시 놀랐다. 그는 그때까지 한국인들의 저항 역사를 배운 적이 없었다. 런던대학교 도서관 소장의 ILC 보고서와

· ·

2 앤드류 남은 1945년 광복 후, 조선사편수회가 소장하고 있던 《주한일본공사관기록》의 유리 건반 사진 수만 매를 대한민국 국사관(현 국사편찬위원회) 요청으로 미국 후버재단의 지원을 받아 영인본으로 만들 때 미국 측 실무자로 참여하였다. 일제 식민통치에 관한 많은 정보에 접한 다음 이 책을 썼다.

탑골 공원의 만세 운동 기념탑 부조 그림으로 그는 특별한 외길 인생을 지금까지 살고 있다.

그의 영어는 유창하다. 그래서 둘이 만나면 영어로 대화가 이어진다. 내 영어는 그보다 훨씬 못해 그가 주로 얘기를 많이 한다. 2000년 동북아역사재단의 지원을 받아 UCLA 존 던컨 교수의 한국학연구소 주관으로 한일관계를 주제로 한 소규모 학술회의를 가졌다. 그는 일본 사회의 벽을 자주 얘기했다. 일본인들의 편견의 벽이 너무 강고하다고 자주 말했다. 그래서 미국 지식인 사회를 통한 우회로를 모색하였다. UCLA 회의는 그의 그런 간곡한 뜻을 담아 필자가 나서서 동북아역사재단으로부터 지원을 받아 열렸다. 몇 년 뒤 그는 자비로 워싱턴 DC 소재의 조지타운대학교 객원교수로 1년여 체류하면서 미국의 한국사 전공 교수들을 찾았다. 나에게 만날 만한 한국사 전공 교수 추천을 의뢰해 UPenn의 유진 박(Eugene Y. Park) 교수를 비롯해 몇 분을 소개해 주었다. 미국 주요 대학교에도 일본의 입김이 강할 것이니 너무 실망하지 말라는 말을 미리 해 주기도 하였다. 1년 방문을 마치면서 내 말이 틀리지 않았다고 실토하였다. 유진 박 교수는 나에게 UPenn에서 열린 그의 강연은 아주 훌륭하였다고 하면서 이런 분은 더 추천해 달라고 하였다.

저자는 이 책의 결론에서 일본인들을 향해 이렇게 말한다. 만일 일본이 지금 식민지지배의 불법성을 인정하면 좋은 일 천지가 될 수 있다. 일본의 국제관계는 현저하게 호전되기 시작할 것이고 일본 헌법 전문이 내걸고 있는 "국제사회에서 명예로운 지위를 차지하고자 한다"라는 희망, 그 꿈이 정말로 실현될 것이다. 허구를 믿으면서 살 필요가 없어지기 때문에 일상적으로 스트레스가 줄어들 것이다. 일본인 특유의 '터부'에 묶이지 않고 발상이 자유로워지므로 학문에도, 정치에도 좋은 영향을 줄 것이다. 일본인에게서는 매우 듣기 어려운 확 트인 외침이다.

이 책은, 저자가 평생의 연구로 최근 묶어낸《역사인식과 한일 '화해'의 길》에 근거한 호소이다. 그의 체계적인 강론은 상대편인 한국인들에게도 문제의 핵심을 찾는 데 큰 도움이 된다. 등잔 밑이 어둡다는 말이 있지만, 좋은 뜻으로 '지피지기'의 양식이 담긴 책이다. 한국어 번역본이 필요한 이유이다. 저자는 다른 하나의 역작 《'징용공 문제'란 무엇인가? - 한국 대법원 판결이 묻고 있는 것》(明石書店, 2019)을 내면서 한국 변호사들과의 협력을 원했다. '과거사 문제'에 관해 뜻이 있는 한국 지식인이라면, 도츠카 에츠로는 저서를 통해서라도 꼭 한번 만나야 할 인물이다.

한국어 번역본이 나오게 된 데는 다른 특별한 인연이 있었다. 안중근 의사 숭모회 김황식 이사장(전 국무총리)이 도츠카 에츠로 교수의 《역사 인식과 일한 '화해'의 길》을 입수하여 숭모회 이사회 자리에서 이 책이 한국어로 번역되었으면 좋겠다는 의견을 냈다. 동석한 윤동한 부이사장(한국 콜마 회장, 석오문화재단 이사장)이 필자의 한국역사연구원(석오문화재단 부설) 측에 의논해 보겠다고 답하고 필자에게 번역 건을 의논했다. 필자는 도츠카 교수와 교분이 오래고 동학인 관계를 밝히고 바로 연구원 사업으로 진행하겠다고 답했다. 그런데 도츠카 교수가 추천한 그 책 번역자가 수개월이 지나도록 번역에 착수하지 못한 사정이 생겨 대신 소규모 책자인 이 책을 번역 대상으로 바꾸었다. 전자는 7개의 논문을 모은 것이어서 일반 독서용이 되기 어렵지만, 《한일관계 위기, 어떻게 극복할 것인가》는 68쪽의 소책자로서 앞 책의 논지가 그대로 잘 반영되어 있어 어쩌면 전화위복일 수도 있을 것 같다. 앞 책과 마찬가지로 이 책에도 안중근 의사의 '이토 히로부미 죄악 15조'가 중요하게 다루어지고 있으므로 안중근 숭모회 이사회 측의 본래 의도에도 벗어남이 없을 것으로 판단한다.

도츠카 교수와 학문적으로 교분 관계가 있는 경북대학교 법학전문대학원의 김창록 교수에게 번역 건을 의논하였더니 쾌히 수락하였다. 대화형식의 이 책에 한국인의 논문으로는 김 교수의 일본어 논문이 유일하게 들어 있을 정도로 서로 학문적 지기 관계이다. 김 교수가 번역을 마친 뒤 특별한 사정이 생겨 번역 후기를 쓰기 어렵다는 말을 전해 와서 필자가 추천사를 장황하게 쓰게 되었다. 김 교수는 현재 거의 비슷한 취지의 책을 따로 집필 중이다. 그 책이 이 책과 함께 서가에

가지런히 꽂혀 한일 사이의 숙제를 풀어 나가는 지혜
로서 시너지 효과를 낼 것을 기대한다. 안중근 의사 숭
모회와 석오문화재단의 성원에 거듭 감사를 표한다.

석오문화재단 부설 한국역사연구원

원장 이태진

차 례

일러두기 ● 4

한국어판 서문 ● 5

머리말 ● 8

추천사 ● 15

제1장 한일관계 위기의 진정한 원인 ● 29

　원래는 민간의 민사사건 30/ 아베 수상의 진의 33/ 이해
할 수 없는 수수께끼 36/ 국회에서 일어난 일 42

제2장 식민지지배 책임이란? ● 45

　대법원 판결의 핵심 47/ 일본 정부의 입장 52/ 한일 교섭
기록 원본 확인 65

제3장 언어의 마법? ● 77

　'불법적 식민지배' 판단의 중요성 78/ 논점 바꿔치기 85

제4장 식민지지배가 '불법'인 이유는? ● 89

　1905년 11월 17일 〈한일협약〉은 존재하지 않는다 92/ 이
연구의 파생 효과 99

제5장 기록(기억)이 사라져 간다 ● 101

역대 정권의 역사인식의 심화 102/ 아베 정권의 식민지지배에 대한 침묵 103/ 간 나오토 수상 담화(2010년)는 어디에? 104/ 역사 망각의 시대와 스가 요시히데 정권 105/ 그러면 어떻게 해야 하는가? 110

제6장 과거를 미래에 이어 가기 위해서는 ● 111

'기억·책임·미래' 기금 114/ 과거를 미래에 이어 가는 사상의 공유 119/ 일본의 잠재력에 대한 기대 120/ 새로운 접근 124/ 안중근 대한의군 참모중장의 유묵과의 만남 126/ 석비가 묻고 있는 것 133/ 아베 신조 수상의 전후 70주년 담화(2015년) 135/ 응답책임을 다한다는 것 142/ 가져야 할 마음가짐은? 143

맺음말 ● 149

자료 ● 152

역주 ● 163

저·역자 소개 ● 169

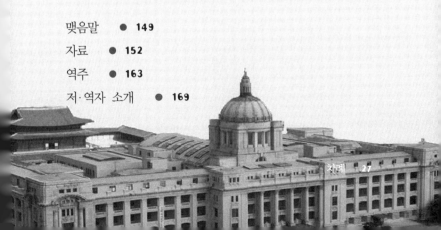

제**1**장

한일관계
위기의 진정한 원인

한국인 전시 강제동원 피해자의 일본 기업에 대한 위자료 청구를 한국 대법원 판결(2018년 10월 30일)이 인용한 것은 일본에 충격을 주었습니다. 그것은 사실입니다. 그러나 한일관계의 위기가 '1965년 국교정상화 이후 최악'이라고 일컬어질 정도로 커진 것은 판결 때문일까요? 저자의 관점에서 보면 그것만으로는 도저히 설명이 되지 않습니다. 지금 생각해 보면 '이것은 아베 정권에 의해 인위적으로 만들어진 위기였던 것은 아닐까?'라는 가설을 주장하지 않을 수 없습니다.

원래는 민간의 민사사건

대법원 판결은 민간인과 민간기업 사이의 민사사건

에 관한 분쟁이었습니다. 따라서 원래 정부가 나설 무대는 없었던 것입니다.

한국에서는 문재인 대통령을 비롯한 행정부는 3권분립의 원칙에서 사법부의 판단을 존중한다고 하고 있습니다. 오히려 일본 정부, 기업·재계, 미디어, 시민은 2018년 대법원 판결을 계기로 한일 화해의 길을 열 수가 있었던 것입니다. 〈전 '징용공' 문제에 관한 한국 대법원 판결에 대한 일본의 변호사 지식인 성명〉(2018년 11월 5일)[1]이 발표되어 있습니다. 이 성명이 그 말미에서 아래와 같이 호소하고 있다는 사실에 주목해 주십시오.

예를 들면 중국인 강제연행 사건인 하나오카花岡 사건, 니시마츠西松 사건, 미쓰비시三菱 머티리얼 사건 등, 소송을 계기로 일본 기업이 사실과 책임을 인정하여 사죄하고, 그 증거로서 기업이 갹출한 자금으로 기금을 설립하여, 피해자 전체의 구제를 도모함으로써 문제를 해결한 예가 있다. 그 예에서는 피해자 개인에 대한 금

---

1 위의 《「徴用工問題」とは何か?》의 권말 자료 참조.

원의 지급뿐만 아니라, 수난비受難碑 또는 위령비를 건립하고 해마다 중국인 피해자 등을 불러 위령제를 개최하는 등의 조치도 이루어져 왔다.

신일철주금新日鉄住金도 마찬가지로 전 징용공 피해자 전체의 해결을 위해 나서야 한다. 그렇게 함으로써 기업으로서도 국제적 신뢰를 얻어 장기적으로 기업가치를 높이게 된다. 한국에서 소송의 피고가 되어 있는 일본 기업도 이번 판결을 계기로 진정한 해결을 향한 대처를 시작해야 하며, 경제계 전체도 그 대처를 지원할 것이 기대된다.

일본 정부는 신일철주금을 비롯한 기업의 임의적이고도 자발적인 해결을 향한 대처에 대해 한일 청구권협정을 끄집어내어 억제할 것이 아니라, 오히려 스스로의 책임도 자각하여 진정한 해결을 향한 대처를 지원해야 한다.

만일 일본 정부가 이 성명의 호소에 응답하여 피해자와 일본 기업의 대화에 의한 해결을 용인했다면, 2021년이 된 지금쯤은 두 당사자가 원만한 화해 해결을 실현시켰음에 틀림없습니다. 대법원 판결이 한일관계 위기의 진정한 원인이었다고는 생각하기 어려운 것입니다.

아베 수상의 진의

그런데 웬일인지 아베 정권이 1965년 청구권협정에 의한 종결론을 방패 삼아 굳이 경제제재까지 가하며 한국에 대항함으로써 국가 간 분쟁이 되어 버렸습니다. 당시 아베 수상의 대응이 문제를 불필요하게 뒤틀어 버린 것입니다. 예를 들면 그는 이번 판결에 대해 '한국 정부가 아무것도 하지 않는다'고 힐책했습니다만, 이것이 감정적인 것이 아니었던가라는 견해도 있으리라고 생각합니다.

그러나 '징용공 문제'에 관한 2018년 10월 대법원 판결에 대한 아베 수상의 대응은 '감정적'이라고도 할 수 없는 것이 아닐까요? 한국병합은 러일전쟁의 결과이기도 합니다만, 후술하는 것처럼 아베 담화 = 전후 70주년 담화(2015년)에 드러난 역사인식은 이 전쟁을 영광의 역사로 보고 있고, 일본의 식민지주의 정책에 대한 반성도 비판적인 관점도 결여되어 있습니다. 아마도 전통적인 자민당 안에 존재했던 '식민지지배에 대해 떳떳하지 못하다'는 감각이 약한 것이겠지요. 그 위에 전쟁책임 문제는 모두 샌프란시스코강화조약 체제와 그에 기초한 1965년 한일 기본조약·한일 청구권협정으로 완전히 종결되었다는 역사인식이 채택되어 있습니다. 아베 수상은 '확신'에 기초하여 한국 대법원 판결과 한국 정부를 비난한 것이라고 생각합니다.

나아가 2019년 7월의 참의원선거를 수개월 앞두고 있었다고 하는 정치적인 타이밍이 키포인트였을 가능성이 있다고 생각합니다. '납치 문제'로 조선민주주의인민공화국 정부를 비난하거나, '위안부' 문제와 '징용공 문제' 등으로 대한민국 정부를 비난하면, 선거에서 표가 늘어난다고 하는 아베 수상 나름의 정치적 경험이 배경에 있었던 것 아닐까요? 그런 관점에서 말하면, 한국에 대해 강경자세를 취해 한일관계를 긴장시킴으로써 초보수화된 여론을 부추기는 편이 선거에 유리하다는 정치적 판단이 있었다고 생각되는 것입니다.

일반론으로 말하면, 우호적인 국제관계를 구축하는 것은 중요한 국익입니다. 그러나 아베 수상에게는 미국과의 관계만 안정되어 있으면 좋은 것이며, 그 밖의 국제관계는 그다음이었던 것입니다. 그 이상으로 국정선거에서 계속 승리하는 것이 정권 유지를 위한 최대의 정치과제였던 것입니다. 실제로 아베 수상은 참의원선거에서 승리해서 장기정권을 유지할 수 있었습니다. 그러고 보면 참으로 '냉정'한 대응이었다고 생각됩니다.

그러나 조금 더 시점을 바꾸어 이 위기의 본질을 더욱 파고들어 고찰하면, 더 깊은 문제가 보이게 됩니다. 대법원 판결은 일본에 대해 무엇을 묻고 있는 것일까요? 일본에는 그 핵심에 대한 충분한 이해가 부족하다는 점에 주목해야 합니다. 그러한 이해 부족이 왜 일어난 것일까라는 난제를 푸는 열쇠가 발견되지 않는 것이야말로 위기의 진정한 원인이라고 생각합니다. 저자는 그 열쇠가 식민지지배의 불법성 문제에 있는 것이 아닐까 생각하는 것입니다.

이해할 수 없는 수수께끼

저자에게는 식민지지배 문제에 관해서 도저히 이해할 수 없는 수수께끼가 있었습니다.

〈머리말〉에서 조금 언급했습니다만, 런던대학 객원연구원 당시인 1992년 가을의 일이었습니다. 런던대학 도서관에서 유엔 국제법위원회(ILC)가 1963년 총회에 제출한 보고서를 발견했고, 그 속에서 1905년 11월 17일 〈한국보호조약〉이 절대적 무효라고 하는 기록을 '발견'했습니다. 이것을 토대로, 한일 구 조약은 모두 합법이었다고 하는 일본 정부의 견해, 즉 일본의 상식을 뒤집는 중대한 결과로 이어지게 될 논문의 초안을 작성했습니다. 일본에 있는 두 사람의 친한 지식인에게 원고를 보내 의견을 들었습니다. 그런데 '만일 실명이 표기된 논문으로 일본에서 공표하면 테러의 피해를 입을 가능성이 있다'는 강한 경고를 받고 말았습니다. 그만큼 일본에서는 알려져 있지 않았던 '불편한 진실'의 폭로가 될 충격적인 정보였던 것입니다.

그래서 극히 신중한 방법으로 1993년부터 조금씩 드

러낸다는 방침을 정했습니다.

지금 그때 일을 떠올리면 '왜 이렇게 되어 버린 것일까'라고 고개를 갸웃거리며 생각에 빠져들게 됩니다. 귀중한 '발견'을 실명으로 공표하면 위해를 당할 가능성이 있다는 것이었습니다. 그러한 일본사회의 반응은 당시의 저자에게는 매우 이상한 것이었습니다. 런던대학 재학 중이어서 일본사회의 분위기로부터 상당히 멀어져 있었던 탓도 있었을지 모릅니다.

런던대학(LSE) 대학원에서는, 박사논문의 제출은 ① 지금까지 알려져 있지 않은 것에 대한 '발견'을 증명하거나, 또는 ② 지금까지 널리 신뢰받아 온 정설이 실은 잘못된 것이었다고 논증하는 두 가지 경우에 가능했습니다. 예를 들면, 그때까지 알려져 있지 않았던 새로운 천체(블랙홀과 같은)의 발견을 증명하거나, 그때까지 올바르다고 믿어 왔던 천동설이 잘못이며 실은 지동설이 맞다는 것을 논증하는 등이 그 실례가 된다고 생각합니다. 자연과학에서도 사회과학에서도 학문의 진보는 이런 오리지널한 연구를 축적함으로써 이루어진다는 것이 (영국에서는) 학문 세계의 상식입니다.

그런 학술적인 기준에 따라 말하면, 저자의 '발견'은 연구의 진척방식에 따라서는 박사논문 집필의 단서도 될 수 있는 귀중한 '발견'이 아닐까라고 저자는 느꼈습니다. 하지만 그런 연구 발표는, 영국에서는 장려되지만 일본에서는 '터부'여서 '위험하다'라는 것입니다.

곰곰이 생각해 보면 유럽이나 일본에서도 아무리 올바른 연구 성과를 내어도 그것을 발표하는 것 자체가 매우 위험하고 곤란한 시대가 있었습니다. 유럽에서는 갈릴레오 갈릴레이가 지동설을 발표했다가 종교재판에서 유죄판결을 받고 처벌당한 사례가 있습니다. 일본에서는 패전 전의 일입니다만, 미노베 다쓰키치美濃部達吉 교수가 천황기관설을 주창했다는 이유로 도쿄 제국대학에서 추방당하는 사건이 발생했습니다. 이들 사건은 지금은 많은 사람들이 잘 알고 있는 역사적인 사실입니다.

이 책의 독자에게 주의를 부탁하고 싶은 것이 있습니다. 저자는 '불편한 진실'을 배척하려는 극단적인 보수파 사람들이나 정부 관계자로부터 협박을 받은 것은 아니었습니다. 저자에게 '논문을 실명으로 곧바로 공표하지 말도록'이라고 경고해 준 지식인은 저자와 친한 분들이었습니다. 그렇기 때문에 저자에게 행패를 부린 것이 아니었습니다. 저자의 안전을 진심으로 염려하여 일본의 형편으로부터 완전히 멀어져 버린 저자에게 조언을 해 준 것입니다.

일본에서는 식민지지배의 불법성을 지적하는 연구를 자유롭게 공표할 수 있는 분위기가 아니었다는 것은 분명합니다. 그것은 도대체 왜일까요?

유엔이나 국회에서 있었던 논의와 그에 대한 보도 덕분입니다만, 그 뒤 구 조약의 효력에 대해 연구를 진행한 연구자들이 몇 분인가 계셨습니다. 저자는 그런 학계의 움직임이 더 발전하여 식민지지배 불법성 문제도 머지않아 해명될 것이라고 기대했습니다. 하지만 기대와 달리 연구가 깊어지지 않았습니다. 나름 열심이었던 일본인 연구자들의 연구가 중도에 좌절되고 연구 발표가 중지된 사례도 나왔습니다. 왜 일본에서는 식민지지배의 불법성에 대해서 학문적인 연구가 진전되지 않는 것일까요? 이것도 잘 이해할 수 없는 것이었습니다.

저자는 변호사였습니다만, 2000년 4월에 국립대학의 교원이 되면서 변호사 등록을 취소했습니다. 법률에 겸

직이 금지되어 있었기 때문입니다. 그러나 그 뒤에도 친한 변호사들을 통해 일본변호사연합회(일변련)의 중요한 동향은 기회가 있을 때마다 알 수 있었습니다.

한국병합 100년의 해인 2010년에는 한일 변호사회의 연대에 매우 중요한 전진이 있었습니다. 2010년 12월에 일변련과 대한변협의 공동선언이 나왔습니다. 그 선언(제1조)에서 일변련과 대한변협은 "우리는 한국병합조약 체결로부터 100년이 지났음에도 불구하고 한일 양국 및 양 국민이 한국병합의 과정이나 한국병합조약의 효력에 대한 인식을 공유하지 못하고 있는 상황에서, 과거의 역사적 사실에 대한 인식의 공유를 위해 노력함으로써 한일 양국과 양 국민의 상호이해와 상호신뢰가 깊어지는 것이 미래의 양호한 한일관계를 구축하기 위한 초석이라는 사실을 확인한다."고 주장했습니다.

그 선언으로부터 10년이 지나 일변련은 '징용공 문제' 등의 해결을 모색하며 다시금 일본의 한반도에 대한 식민지지배에 대해 짚어 보고자 연속강좌(회원 대상)를 기획하게 되었습니다. 한국병합 110주년이 되는 2020년 8월부터 12월까지 개최된 5회의 강좌는 많은 결실을 맺었습니다. 그러나 '과거의 역사적 사실에 대한 인식의 공유를 위한 노력'을 약속한 뒤 10년 동안 이 합의는 실행되지 못했습니다. 왠지 잘 알 수 없는 사정 때문에, 지금까지 그것을 위한 노력을 반드시 충분히 기울이지 않은 것입니다.

"변호사는 기본적 인권을 옹호하고 사회정의를 실현하는 것을 사명으로 한다."고 선언한 변호사법 제1조는 변호사에게 무거운 과제를 지우고 있습니다. 그러나 그러한 사명에도 불구하고 변호사도 일변련도 일본사회의 일부이기 때문에 일본사회의 분위기로부터도, '터부'로부터도 완전히 자유로워지기는 어려운 것이겠지요.

패전 전부터 일본사회가 가지고 있는 분위기는 학문의 자유나 표현의 자유를 정한 일본국헌법에 의해서도 단절되지 못하고 연속되었던 것입니다. 그것은 오늘날에는 헤이트스피치 문제나 '아이치愛知 트리엔날레'에서 '표현의 부자유전不自由展' 문제 등에서 나타나고 있습니다. 아마도 일본뿐만 아니라 전 세계 각지에서 일어나고 있는 문제와도 관련이 있겠지요. 이들 잘 이해할 수 없는 문제가 실제로는 무엇인가? 계속 연구할 필요가 있다고 생각합니다.

그 가운데서 지금까지 확실하게 알게 된 것이 있습니다.

식민지지배의 불법성 문제에 대처하는 것은 일본에서는 매우 곤란한 상태가 이어져 왔다는 사실입니다. 그러나 오늘날 일변련의 동향 등에서도 발견되는 것처럼 조금씩 대처가 시작되고 있는 것도 또한 사실입니다.

그러면 '국권의 최고기관'(헌법 41조)인 국회에서는 어떨까요?

국회에서 일어난 일

일본 국회에서는 질문에 대해 정면으로 답변하지 않는 '논점 바꿔치기' 논법이 극성입니다. 문제의 본질을 바꿔 버리면 핵심이 은폐되어 버립니다. 대법원 판결에 대한 대응에서도 이 수법에 따라 문제의 본질(식민지지배 책임)이 은폐되어 버린 것이 아닌가라고 생각합니다.

아베 수상이 2018년 11월 1일의 중의원 예산위원회에서 한 답변은 '아베의 매직'(논점 바꿔치기 수법) 그 자체였습니다. 아베의 답변은 2018년 한국 대법원 판결이 묻고 있는 식민지지배 책임 문제를 '말'로 멋들어지게 지워 버린 것입니다. 그 상세한 내용을 제3장에서 서술하려고 합니다.

저자는 일본사회의 분위기뿐만 아니라 위정자의 '말'을 통한 인위적인 PR전술로 식민지지배 책임 문제가 보이지 않게 되고 있는 현상이야말로 한일관계 위기의 진정한 원인이 아닐까라고 생각합니다.

그러면 지워져 버린 식민지지배 책임이란 무엇인가? 일본에서는 아베 정권에 의해 보이지 않도록 유도되어 버렸기 때문에 그것을 재발견하는 노력이 필요합니다. 도대체 식민지지배 책임이란 어떤 것일까요? 그것이 확실하게 드러나도록 할 필요가 있습니다.

제2장

식민지지배 책임이란?

2018년 한국 대법원 판결의 핵심은 "일본 정부의 한반도에 대한 불법적인 식민지배(판결의 표현)"라고 하는 규범적 판단입니다. 이것은 한국 헌법(국내법)의 해석으로부터 도출되었습니다. 판결문을 숙독하면 대법원이 이 "불법적인 식민지배"라는 판단을 대전제로 삼아 거의 모든 중요한 판단을 도출하고 있다는 것을 알 수 있습니다.

저자는 이 논지를 국제법의 관점에서 고찰하여 위의 《'징용공 문제'란 무엇인가? − 한국 대법원 판결이 묻고 있는 것》(明石書店, 2019)을 출판했습니다. 우선 그 책을 활용하면서 판결의 논지를 살펴봅시다.

대법원 판결의 핵심

대법원 판결은 일본의 식민지지배가 불법이었다는 판단에 관해 아래와 같이 설명하고 있습니다.[1] 그것은 한국의 헌법 해석으로부터 도출되고 있습니다. 법률문제이기 때문에 다소 이해하기 어려울지 모르겠습니다만 차분히 읽어봐 주십시오.

① 일본 판결의 승인 여부

2018년 대법원 판결은, 한국인인 강제노동 피해자(원고)에게 승소를 선언한 하급심 판결에 대한 일본 기업(피고)의 상고 이유 제1점에 관한 판단에서 아래와 같이 말하고 있습니다.

  이 사건의 일본 판결이 일본의 한반도와 한국인에

. . . .

1 《'징용공 문제'란 무엇인가? — 한국 대법원 판결이 묻고 있는 것》, 139~140면.

대한 식민지배가 합법적이라는 규범적 인식을 전제로 하여 일제의 '국가총동원법'과 '국민징용령'을 한반도와 망 소외인(亡訴外人: 사망으로 소송을 하지 못한 사람 – 번역자)과 원고 2(신**)에게 적용하는 것이 유효하다고 평가한 이상, 이러한 판결 이유가 담긴 이 사건의 일본 판결을 그대로 승인하는 것은 대한민국의 선량한 풍속이나 그 밖의 사회질서에 위반하는 것(이다).

바로 그 때문에 일본 판결은 대법원에 의해 승인되지 않았던 것입니다.

이것을 바꾸어 말하면, 대법원 판결은 일본의 한반도와 한국인에 대한 식민지지배가 불법이라고 판단하고 있다는 것이 됩니다.

② 청구권협정으로 원고의 강제동원 위자료 청구권이 소멸되었는지 여부

나아가 상고 이유 제3점에 관한 판단에서 대법원 판결은 아래와 같이 판단하고 있습니다.

이 사건에서 문제되는 원고들의 손해배상청구권은, 일본 정부의 한반도에 대한 불법적인 식민지배 및 침략전쟁의 수행과 직결된 일본 기업의 반인도적인 불법행위를 전제로 하는 강제동원 피해자의 일본 기업에 대한 위자료청구권(이하 '강제동원 위자료청구권')이〔다〕.

"일본 정부의 한반도에 대한 불법적인 식민지배"라고 하고 있는 것입니다. 다름 아닌 일본이 인정하지 않았던 "불법적인 식민지배" 문제이기 때문에, 원고의 강제동원 위자료청구권이 한일교섭에서 협의되지 않은 문제이며, 소멸되지 않은 문제라고 판단되었습니다.

위와 같은 사실들을 보면, 대법원 판결이 일본의 한반도와 한국인에 대한 식민지지배가 불법이라고 판단하고 있는 것은 틀림없습니다. 그리고 이 점이야말로 대법원 판결의 결론을 이끌어내는 결정적이고도 핵심적인 이유라고 생각됩니다.

③ 2012년 대법원 판결에 따른 '불법적인 식민지배' 판단

실은 대법원 판결이 식민지지배를 불법이라고 판단한 것은 이것이 처음이 아닙니다. 그 판단은 2012년 대법원 판결(파기환송판결)이 채택한, 한국 헌법의 해석으로부터 도출한 국내법을 법적 근거로 삼는 아래와 같은 판단[2]을 답습한 것입니다.

그러나 대한민국 제헌헌법은 그 전문前文에서 "유구한 역사와 전통에 빛나는 우리들 대한국민은 기미삼일운동으로 대한민국을 건립하여 세상에 선포한 위대한 독립정신을 계승하여 이제 민주독립국가를 재건함에 있어서"라고 하고 …… 또한 현행헌법도 그 전문에 "유구한 역사와 전통에 빛나는 우리 대한국민은 3·1운동으로 건립된 대한민국임시정부의 법통과 불의에 항거한 4·19민주이념을 계승하고"라고 규정하고 있다. 이러한 대한민국 헌법의 규정에 비추어 볼 때, 일제강점기 일본의

· ·

2 앞의 책, 75~76면.

한반도 지배는 규범적인 관점에서 불법적인 강점强占에 지나지 않고, 일본의 불법적인 지배로 말미암은 법률관계 가운데 대한민국의 헌법정신과 양립할 수 없는 것은 그 효력이 배제된다고 보아야 한다. 그렇다면 일본 판결 이유는 일제강점기의 강제동원 자체를 불법이라고 보고 있는 대한민국 헌법의 핵심적 가치와 정면으로 충돌하는 것이므로, 이러한 판결 이유가 담긴 일본 판결을 그대로 승인하는 결과는 그 자체로 대한민국의 선량한 풍속이나 그 밖의 사회질서에 위반되는 것임이 분명하다. 따라서 우리나라에서 일본 판결을 승인하여 그 효력을 인정할 수는 없다.

위의 설명을 통해 2018년 대법원 판결에 관해 주목해야 할 최대의 논점은, 대법원 판결의 핵심인 식민지 지배의 불법성 판단이라는 사실을 이해하셨으리라고 생각합니다. 판결은 그것을 기초로 피고 기업에게 왜 책임이 있는지를 상세하게 설명하고 있습니다. 판결은 "불법적인 식민지배" 아래에서, 침략전쟁과 밀접하게 관련된 강제동원의 피해자에 대한 인도에 반하는 불법행위를 인정하고, 그 책임을 받아들여야 한다고 일본 기업에게 책임을 묻고 있는 것입니다. 따라서 이 "불법적인 식민지배"라는 핵심을 제외하고서는 대법원 판단의 본질을 이해할 수 없게 되어 버립니다. 다름 아니라 대법원 판결이 식민지배 책임의 이행을 요구하고 있다는 점에 주목해야 하는 것입니다.

일본 정부의 입장

그런데 일본에서는 대한제국이 1910년 8월의 한국병합조약에 따라 대일본제국에 합법적으로 병합되어 식민지가 되었다고 일컬어져 왔습니다.

① 사토 수상의 국회 답변(1965년)

사토 에이사쿠佐藤栄作 수상(당시)은 한일기본조약(1965년) 등에 관한 국회 심의 때, 병합조약에 대해 이렇게 답변했습니다.

대등한 입장에서 또 자유의사로 이 조약이 체결되었다, 이렇게 생각하고 있습니다(중의원 특별위원회 1965년 11월 5일. 이 책 말미의 〈자료〉 참조).

② 이시바시 의원의 일본 정부 비판(1965년)

이 국회 심의 당시입니다만, 사토 수상의 답변을 비판하며, 이시바시 마사시石橋政嗣 중의원 의원(사회당)은 아래와 같이 엄하게 정부를 추궁했습니다. 일본 국내에서도 제1 야당인 사회당이 병합조약에 대한 한국 측의 "'당초부터 없었던 것이다'라는 주장"을 들며 아래와 같이 의문을 제기한 것입니다. 이것은 기억해 두어야 한다고 생각합니다.

거기에 문제가 있습니다. 총리는 이번 심의를 통해 열심히 이웃나라와의 우호관계 확립, 선린우호라는 것을 주장하고 있습니다. 하지만 저로서는 방금 말씀하신 이 병합조약이 대등한 입장에서 자주적으로 체결되었다는 그런 의식으로 진정한 선린우호는 확립할 수 없다고 생각합니다. 언제부터 조약이 무효가 되는가라는 이야기는 매우 사무적이라는 인상을 받습니다. 그러나 한국 측이 저토록 매우 엄하게 당초부터 없었던 것이라는 주장을 하는 그 배후에 있는 국민감정을 이해하지 못하고서 어떻게 선린우호를 주장할 수 있는지 저는 말하고 싶은 것입니다. 당신은 지금 대등한 입장에서 체결된 조약이라고 말씀하셨습니다만, 당시의 경위가 여러가지로 드러나 있기 때문에 저는 그 가운데 특히 이토 히로부미伊藤博文 특파대사가 당시의 한국 황제와 만났을 때의 회담을 일본의 천황 폐하에게 보고하는 형태로 남긴 것을 조금 읽어 보고자 합니다. 이것은 외무성이 편찬한 일본외교문서 제38권에 실려 있는 것입니다. 문서로 배포했으니 처음 부분은 생략합니다.

이상과 같이 폐하의 애소하는 사정 이야기는 몇번이나 반복되어 멈추지를 않습니다. 대사는 마침내 지나치게 장황해지는 것을 피해 아래와 같이 말합니다.

대사: 이 안은 제국 정부가 여러 고려를 거듭하여 더 이상 추호도 변통의 여지가 없는 확정안으로서 ……오늘의 핵심은 단지 폐하의 결심 여하에 있다. 이것을 승락하든 혹은 거절하든 마음대로이지만, 만일 거절하

면 제국 정부는 이미 결심한 바가 있다. 그 결과는 어떻게 될 것인가? 생각건대 귀국의 지위는 이 조약을 체결하는 것 이상으로 곤란한 경우에 처하고, 한층 불이익의 결과를 각오하지 않으면 안 된다.

폐하: 짐이라고 해서 어찌 그 이치를 모르겠는가. 그렇지만 일이 중대하다. 짐이 지금 친히 이를 재결할 수 없다. 짐의 정부 신료에게 자문하고, 또 일반 인민의 의향도 살필 필요가 있다.

대사: 일반 인민의 의향을 살핀다는 말씀에 이르러서는 참으로 기괴하다고 생각한다. …… 인민의 의향 운운하는 것은 인민을 선동하여 일본의 제안에 대한 반항을 시도하려는 의향이라고 추측된다. 왜냐하면 귀국의 인민은 유치하다. 애당초 외교 사정에 대해서는 어두워, 세계의 대세를 알 도리가 없다. 과연 그렇다면 단지 그들로 하여금 쓸데없이 일본에 반대하게 하려는 것에 지나지 않는다. 작금에 유생 패거리들을 선동하여 비밀리에 반대운동을 하게 하고 있다는 것은 벌써부터 우리 군대가 탐지하고 있는 것이다. 이것은 극히 일부이다. 전문을 여기에 지참하고 있는데…….

이런 태도로 한국의 황제를 몰아세워서 체결한 조약,

그런 조약을 대등한 입장에서 자주적으로 체결했다라는 의식으로는 무엇을 어떻게 하더라도 선린우호를 확립할 수 없다고 말하고자 하는 것입니다.

들은 바에 따르면, 어저께 자민당에 호출된 참고인은 이번 한일회담을 이런 비유로 평가했다고 합니다. 즉 강매 폭력단이 현관 앞에 죽치고 앉았다, 그때 대처하는 방법은 세 가지밖에 없다, 하나는 경찰에 전화를 하거나 경관에게 넘긴다, 다른 하나는 이쪽도 폭력을 사용하여 힘으로 해치운다, 세 번째는 돈으로 거래하기를 구한다, 이 세 가지밖에 없다, 이번 한일회담의 타결은 마지막의 돈을 사용하는 방법을 선택한 것이다, 이것으로 이승만 라인은 물러나게 했지만, 다케시마竹島는 여전히 눌러앉아 있다. 이런 표현을 사용했다고 저는 들었습니다. 이런 사고방식을 가지고 있는 찬성론, 한국 측에서 들으면 어떻게 생각하겠습니까? 저는 자민당 안에서 이런 사고방식에 대해 반성을 촉구하는 말이 나와야 한다고 생각합니다. 그렇지 않다는 것은 지금 당신의 의식 속에 병합조약이 대등하고 자주적으로 체결된 것이라는 그런 생각과 일맥상통하는 점이 있는 것입니다. 저는 매우 위험하다고 생각합니다. 다시 한 번 재고를 요청하고자 합니다.

이시바시 의원의 이런 비판에도 불구하고 사토 수상은 태도를 바꾸지 않았습니다. 이 국회 심의는 역사적인 사건으로서 매우 중요합니다. 오래도록 기억해 두어야 하는 것이기 때문에, 국회의사록의 기록을 이 책 말미에 〈자료〉로 게재합니다.

이시바시 의원이 정부 비판의 근거로 들고 있는 문건은 1905년 11월 17일자 〈한일협약〉(이것은 저자의 연구 결과 존재하지 않는다는 사실이 명확해졌습니다)의 체결을 당시의 고종황제에게 강제하려고 했을 때, 이토 히로부미가 고종황제에게 가한 협박에 관한 증거자료의 하나입니다. 이 보고서는 이토 히로부미가 메이지明治 천황에게 제출한 것이기 때문에, 반드시 모든 진상을 기술하고 있다고도 생각되지 않습니다. 실은 이 보고서의 초안에는 고종이 마지막까지 체결에 동의하지 않았다고 적혀 있다는 사실이 역사가의 연구를 통해 밝혀져 있습니다. 따라서 진상을 은폐한 부분도 있었다고 생각됩니다. 1910년 병합조약 체결 때의 기술이 아니라, 거기에 이르는 경과(1905년 11월)에 관한 문헌이라는 점을 파악해 둘 필요가 있다고 생각합니다. 그러나

이 1905년 11월의 협박사건은 1910년 병합조약 체결 (후술하는 것처럼 무효였다고 생각됩니다)에 이르는 일련의 모든 과정의 시작이었다고 평가할 수 있습니다. 따라서 이시바시 의원의 비판이 표적을 벗어난 것이었다고는 말할 수 없다고 생각합니다.

그 이전으로 거슬러 올라갑니다만, 1965년까지의 한일교섭 동안에도 일본 정부의 법적인 입장은 일관되었습니다. 저자는 불법행위에 대한 배상문제와 관련하여 1965년 한일청구권협정 체결에 이르는 경과에 대해 연구하여 그 성과를 보고했습니다.[3]

일본 정부는, 병합조약에 기초하는 일본에 의한 식민지지배에는 어떤 위법성도 없어서, 불법행위로서 배상해야 할 이유가 없다는 자세로 일관했다는 사실을 알게 되었습니다.

. . . .

3 앞의 책, 116~126면.

③ 한일교섭 동안의 일본 정부의 입장(1953년)

저자의 연구성과 가운데 하나는 한일교섭이 이루어지는 시기에 구보타 간이치로久保田貫一郎가

일본의 불법행위가 명확해진 경우에는 배상하겠다.

라는 취지의 발언을 했다는 사실을 자료(원본)에 기초하여 증명한 것입니다.[4]

지금까지 일본 정부는 한일교섭 이래로 병합조약의 합법성을 주장하고 식민지시대에 '위안부' 문제를 비롯한 불법행위가 없었다고 계속 강변해왔습니다만, 한일회담 중에 식민지지배를 긍정한 '망언'으로 유명한 구보타 간이치로가 동남아시아 점령 중의 불법행위를 인

4 이 조사연구는 동북아역사연구재단의 지원으로 이루어졌다. 재단의 협력에 대해 감사드린다. 또 이 조사연구는 2009년 1월 20일 도쿄에서 개최된 전후보상 포럼 〈전후보상재판의 현황과 앞으로의 과제 2008~2009년 전후보상재판의 도달점과 과제를 생각한다〉에서 발표했다.

정하면서 한국에서도 '불법행위가 있었다면 배상하겠다' 라는 발언을 한 것입니다. 한일교섭 당시 '위안부' 문 제는 아직 그 사실이 밝혀져 있지 않았기 때문에, '(불 법행위의) 사실이 명확해지면 배상하겠다'라는 발언은 결정적으로 중요한 의미를 가지는 것입니다. 당시에는 강제동원에 관해서도 ILO에서 ILO 29호 강제노동조약 위반이 인정되지 않은 상태였습니다. 따라서 이것도 마 찬가지로 새로운 문제라고 할 수 있겠지요.

이것을 처음으로 명확하게 한 것은 1992년 한국 《동 아일보》의 아래와 같은 보도였습니다.

> 일, 53년 '일제 불법행위 책임' 표명
> 정신대 등 배상 근거 있다.
> 당시 일 대표 久保田 발언록 첫 확인
> 65년 청구권 타결 때 거론 안 돼
> 정부 차원의 재협상 벌일 필요
> 김용식 전 외무 본보 인터뷰서 진상 공개
>
> 한일 국교정상화를 위한 협상이 계속되던 지난 53년 의 한일회담에서 일본 측은 일제의 한국인에 대한 불법

행위가 드러날 경우 배상할 의사가 있음을 공식표명했던 사실이 새롭게 밝혀졌다. 〈2면에 관련 기사〉

이는 최근 한일 사이에서 현안이 되고 있는 종군위안부 및 일제의 한국인에 대한 여타 불법행위에 대한 배상문제와 관련, 한국 정부가 일본 측에 대해 협상 재개를 요구할 수 있는 주요근거가 될 수 있다는 점에서 크게 주목된다.

또한 지난 65년의 한일 기본조약 체결 뒤 한국이 대일 청구권 행사로 받은 무상 3억 달러 유상 2억 달러에는 일제의 불법행위에 대한 배상은 포함되지 않았다는 새로운 주장도 나와 앞으로 한일 사이의 새로운 쟁점이 될 것으로 보인다.

현재 일본 정부는 65년에 체결된 한일 기본조약으로 한국의 모든 대일 청구권 문제가 일괄타결됐다는 입장 아래 정부 차원의 배상을 거부하고 있으며, 이에 따라 한국인 피해자들은 개별적으로 일본 법원에 배상소송을 제기하고 있다.

이 같은 사실은 지난 51년부터 57년까지 주일대표부의 수석공사로 있으면서 2차 및 3차 한일회담 수석대표를 역임한 김용식 전 외무부장관(79)이 15일 본보와 가진 한일회담에 관한 인터뷰에서 밝혔다.

김 전 장관은 지난 53년 10월 13일 오전 10시 40분부터 오전 11시 55분까지 일본 외무성에서 열린 제3차 본회담 제2차 본회의에서 구보타 간이치로久保田貫一郎 일본 측 수석대표가 "앞으로 일본 측의 불법행위 사실이 드러난다면 배상을 하겠다."고 공식 약속했다고 증언했다.

이 같은 발언 내용은 현재 외무부가 보관 중인 한일회담 기록에 남아 있음이 확인됐다.

본사가 확인한 당시 구보타 수석대표의 발언 내용은 "일본은 전쟁 중 동남아제국에서 약탈한 것이나 파괴를 한 데 대하여 배상을 하려 하고 있으나 일본이 한국에서 그런 일을 한 사실이 없으니 배상할 것이 없다고 본다. 만일 있다면 배상할 것이다."라고 기록돼 있다.

당시 이 회의에는 김 전 장관을 비롯, 최규하 전 대통령, 고 홍진기 씨(전 법무장관) 등 한국 측에서 10명이 대표로 참석했다.

구보타는 한국에 대한 일제의 식민지배가 한국의 발전에 기여한 점도 있다고 망언을 한 장본인이다.

김 전 장관은 당시 한일회담은 태평양전쟁의 승전연합국 측이 세운 원칙에 따라 일제가 빼앗아 간 금괴문화재 및 노무자 임금 등을 반환받는 '원상회복' 차원에서만 협상이 진행된 까닭에 위안부 문제 등은 한국 측이 거론하지 않았다고 말했다.

김 전 장관은 그러나 "배상문제는 거론하지 않은 것일 뿐 포기한 것은 아니기 때문에 지금이라도 우리 정부는 이 문제에 대한 협상을 일본 측에 요구해야 할 것"이라고 말하고 "일본으로부터 받은 무상원조 3억 달러 유상원조 2억 달러는 주로 '원상회복' 문제를 논의한 한일 회담과정을 종합하여 액수를 정한 것일 뿐 배상문제는 포함되지 않았다."고 강조했다.

그는 한일 기본조약 체결 당시 우리 정부가 '배상' 문제 등을 충분히 고려치 않고 정치적으로만 서둘러 매듭을 짓는 바람에 지금과 같은 문제가 발생하게 됐다고 지적했다.

한편 한국외국어대 이장희 교수(국제법)는 "구보타 수석대표의 발언은 일본의 한 국가기관 자격으로 한 것이기 때문에 정치적 도덕적 구속력을 당연히 갖는다."면서 "이번 기회에 우리 정부는 어정쩡한 자세를 버리고 일본 측에 정식으로 배상을 요구해야 할 것"이라고 말했다.

〔사진 1〕 한일회담 기록의 구보타 발언 부분

(《동아일보》 1992년 6월 16일자)

한일 교섭기록 원본 확인

실로 중대한 보도입니다. 그러나 이 보도가 진실인지 여부는 한일교섭 의사록 원본에 비추어 확인할 필요가 있다고 생각했습니다.

그래서 저자는 1998년 당시 한국 정부 외교문서를 보관하고 있는 공문서관에 대해 그 확인을 요청했습니다. 그러나 당시는 일본 정부의 요구에 따라 한일교섭 경과는 비밀취급 상태여서 한국 정부는 그 열람을 허가하지 않았습니다. 그 뒤 한국 정부가 이 기록을 공개했다는 사실을 알고, 저자는 2008년 12월 다시 한국 정부 공문서관을 방문하여 기록 원본과 《동아일보》에 보도된 사진을 조회했습니다. 그 결과 《동아일보》의 보도사진은 한일교섭 기록 원본 자체는 아니었습니다만, 기재 내용은 원본과 동일해서 원본을 토대로 한국 정부 외무부에 의해 작성된 프린트라고 추정되었습니다 (원본은 사진2 및 3을 참조).

따라서 김 전 외무부장관의 설명 근거가 된 비공개 문서 사진의 내용은 원본과의 대조를 통해 사실이었다는 점이 증명되었습니다. 일본 정부가 이 자료와 사실을 계속 숨겨온 만큼, 이 점이 증명되었다는 것은 연구의 중요한 진보라고 생각합니다. 이것을 가능하게 한 한국 정부의 관계문서 공개라는 영단에 감사드립니다.

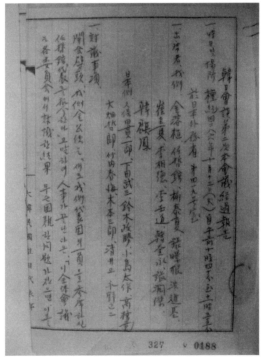

[사진 2] 1953년 10월 13일 오전 10시 40분부터 오전 11시 55분까지 일본 외무성에서 개최된 제3차 본회담 제2차 본회의 한국 정부 보고서 첫 부분.

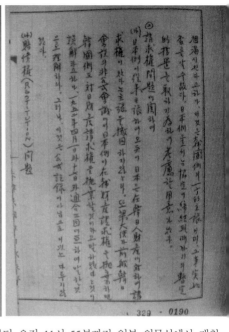

진 3〕 1953년 10월 13일 오전 10시 40분부터 오전 11시 55분까지 일본 외무성에서 개최 제3차 본회담 제2차 본회의에서의 구보타 간이치로 일본 측 수석대표의 문제 발언 부분 오른쪽 페이지 마지막 행부터 왼쪽 페이지 3행까지.

④ 1965년 이후 지금까지의 일본 정부의 입장은 불변

1965년의 사토 수상의 국회 답변 이후, 일본 정부의
식민지지배에 관한 법적 견해(병합조약은 합법이라는

것)는 변경되지 않았습니다.

그럼에도 불구하고 매우 흥미로운 일입니다만, 역대 정권의 역사인식은 조금씩 발전해 왔습니다. 장기간의 자민당 지배 정치체제가 붕괴되고, 야당 공동투쟁에 따른 정계 재편의 시대에 들어오자 역대 정권의 역사인식에도 중요한 변화가 보이게 된 것입니다. 저자는《류코쿠 법학》에 실은 논문[5]에서 전후 역대 정권의 역사인식 변천에 관해 서술했습니다. 아래는 그 발췌입니다.

○ 비非자민(비공산) 연립정권을 실현한 호소카와 모리히로細川護熙 수상은 취임 직후인 1993년 8월 23일의 소신표명 연설에서 "과거 우리나라의 침략행위와 식민지지배 등이 많은 사람들에게 견디기 어려운 고통과 슬픔을 초래한 것에 대해 다시금 깊은 반성과 사과의 마음을 표명한다. ……"라고 말했습니다. 일본의 수상이 전쟁에 의한 침략행위뿐만 아니라, '식민지지배'도 언급

. . . .

5 戸塚悦朗,〈歴史認識と日韓の「和解」への道(その11) ― 「記憶·責任·未来」を掲げるドイツモデルによる解決は可能か?〉,《龍谷法学》53-4, 2021.

하며 사죄한 것은 이것이 처음이었습니다.

○ 1994년 6월 30일 무라야마 도미이치村山富市 사회당 위원장이 수상으로 선출되어 자민당·사회당·사키가케 さきがけ(自社さ)의 3당 연립정당이 탄생했습니다. 수상에는 사회당 당수가 취임한 것입니다. 55년 체제 아래에서는 생각하는 것조차 불가능했던 이 대연립에 따라 자민당은 최대 여당으로서 다시금 정권 중심에 서는 데 성공했습니다.

1995년 8월 15일 무라야마 내각총리대신은 〈전후 50주년 종전기념일을 맞아〉(이른바 〈무라야마 담화〉)[6]를 공표하여, "우리나라는, 머지않은 과거의 한 시기에 국책을 그르쳐 전쟁의 길을 걸음으로써 국민을 존망의 위기에 빠뜨리고, 식민지지배와 침략에 의해 많은 나라들, 특히 아시아 여러 나라의 사람들에게 다대한 손해와 고통을 주었습니다. 저는, 장래에 잘못을 저지르지 않도록 하기 위해, 의심할 여지 없는 이 역사 사실을 겸허히 받아들이면서, 이에 다시 한번 통절한 반성의 뜻을 표

· ·
6 외무성 홈페이지(https://www.mofa.go.jp/mofaj/press/danwa/07/dmu_0815.html). 2020년 11월 30일 열람.

하고 진정한 사죄(お詫び)의 마음을 표명합니다. 또 이 역사가 초래한 안팎의 모든 희생자에게 깊은 애도의 뜻을 바칩니다."라고 말했습니다. 〈무라야마 담화〉는 호소카와 수상의 소신표명 연설의 내용보다 상세하고도 명확했습니다.

○ 민주당, 사회민주당, 국민신당에 의한 (비非자민 비非공산) 연립정권이 실현되어, 2009년 9월 16일에 민주당 대표인 하토야마 유키오鳩山由紀夫 수상이 취임했습니다. 그러나 하토야마 수상은 2010년 6월 2일에 퇴진을 표명하게 되었습니다. 그 뒤를 이어 6월 8일에 민주당 대표인 간 나오토菅直人 수상 정권이 실현되었습니다. 이해는 한국병합 100년이 되는 해였기 때문에 2010년 8월 10일에 간 나오토 수상이 담화를 공표했습니다. 아래와 같이 한 걸음만 더 나아가면 일본의 한국에 대한 식민지지배의 불법성을 인정하는 것과 같다고 생각될 정도로 획기적인 역사 인식을 표명한 것입니다. 〈간 담화〉의 첫머리는 아래와 같습니다.

"올해는 한일관계에서 커다란 결절점이 되는 해입니다. 정확히 100년 전 8월에 한일병합조약이 체결되었고, 이후 36년에 걸친 식민지지배가 시작되었습니다. 3.1독립운동 등의 격렬한 저항에서도 나타난 것처럼, 정치적·군사적 배경 아래 당시의 한국 사람들은 그 뜻에 반하여 이루어진 식민지지배에 의해, 나라와 문화를 빼앗기고, 민족의 긍지에 깊은 손상을 입었습니다."

그러나 그러한 역사인식의 심화에도 불구하고, 무라야마 수상은 국회 답변에서 병합조약에 관해 부당했지만 '합법'이라고 말했고, 간 나오토 수상은 종래의 일본정부의 법적인 입장을 변경한다고까지 말하지는 않았습니다.

○ 2012년 12월 총선거에서 민주당이 패배하고, 제2차 아베 신조 정권이 탄생했습니다. 일본회의 등 초보수파가 찬동하는 역사인식이 정계를 석권하여, 시대를 패전 전으로 되돌리는 듯한 역사수정주의의 광풍에 따라 백래시가 발생하게 된 것입니다. 저자는 제2차 아베 정권 발족(2012년 12월) 이후 일본은 지금까지의 역대 정권의 흐름으로부터 크게 벗어나 완전히 이질적인 역사인식의 시대로 빠져들어 버린 것이 아닌지 우려하고 있습니다. 저자에게는 마치 '별세계'에 떨어져 버린 듯이 느

꺼지는 것입니다.

아베 신조 수상의 전후 70주년 담화(2015년 8월 14일)[7]는, 일본에 의한 대한제국의 식민지화에 대해 어떻게 서술했을까요? 그것에서는 100년 이상 이전의 세계를 "식민지지배의 파도"의 시대라고 보고 있습니다. 뒤에서 상세하게 서술합니다만, 커다란 문제는 "식민지지배의 파도"가 자연현상인 듯이 적혀 있다는 것입니다. 일본 스스로 주체적으로 이 파도를 일으켜 대한제국을 집어삼키려 했다는 중요한 사실은 아베 담화에는 서술되어 있지 않은 것입니다. 대한제국의 독립을 회복하려고 대일 자위전쟁에서 싸우고, 이토 히로부미 공작을 사살한 안중근 대한의군 참모중장이 그 그늘에 해당하는 부분을 엄하게 지적하고, 그 죄악을 일본에게 물은 것은 전혀 언급하지 않고 있습니다.[8] 아베 수상의 역사인식은 일본의 정책에 따라, 안중근 대한의군 참모중장이 이토 히로부미의 15개 죄악에서 명확하게 지적한 역사적 사실, 그 과정에서 도탄의 고통을 겪은 조선인들의

. . . .

7 수상관저 홈페이지(http://www.kantei.go.jp/jp/97_abe/discource/20150814danwa.html). 2010년 12월 28일 열람.

8 저자는 위의 《龍谷法学》의 논문 (その11)에서 아베 수상과 안중근 대한의군 참모중장의 역사인식을 비교했다.

고통은 한 마디도 언급하지 않고 있다는 점에, 일체 눈을 돌리지 않고 있다는 점에 주목해야 할 것입니다.

2010년 8월 10일의 간 나오토 수상 담화가 인정한, " …… 3.1독립운동 등의 격렬한 저항에서도 나타난 것처럼, 정치적·군사적 배경 아래 당시의 한국 사람들은 그 뜻에 반하여 이루어진 식민지지배에 의해, 나라와 문화를 빼앗기고, 민족의 긍지에 깊은 손상을 입었습니다."라는 역사인식은 아베 담화에서는 그 편린조차 발견할 수 없는 것입니다.

이와 같이 식민지지배에 대한 역대 정권의 역사인식은 1993년 이후 2010년까지 점진적으로 진화했지만, 아베 정권부터는 침묵상태가 되어 버렸습니다.

그러나 일본 정부의 병합조약에 대한 법적인 입장은, 그것이 '합법'적으로 체결되었다고 보는 점에서 1965년 사토 수상의 국회 답변과 같습니다. 1910년 병합조약 체결 이후 오늘까지 이것이 '합법'적으로 체결되었다고 하는 일본 정부의 법적인 입장은 변하지 않았습니다. 그 때문에 1965년 한일 기본조약이 구 조약을 "이미 무효"(already null and void)라고 정한 이래로 그 해석에 관한 한일의 견해 차이는 계속 대립된 채 오늘에 이르고 있는 것입니다.

1965년 한일 기본조약 제2조의 해석이 양국 사이에 극단적으로 다릅니다. 이 한일 기본조약의 해석에 관한 한일의 입장 차이는 한일관계를 진정한 의미에서 정상화시키는 것을 계속 저지하고 있는 매우 커다란 곤란이었습니다. 북일교섭이 진전되지 않은 것도 하나의 원인이었겠지요. 일본의 한국 식민지지배의 법적 성격에 대한 역사인식의 면에서 한일 사이에 커다란 엇갈림이 해소되지 않고 있는 것입니다.

기본조약 제2조는 "1910년 8월 22일 및 그 이전에 대한제국과 대일본제국 간에 체결된 모든 조약 및 협정이 이미 무효임을 확인한다."고 하고 있습니다. "이미 무효(もはや無効, already null and void)"라는 용어가 애매해서 양국 사이에서 '제각각(玉虫色)' 해석되어 온 것입니다.[9] 한국 정부는 해당하는 한일 구 조약 및 협정

. . . .

9 金昌祿, 〈韓日条約の法的位置づけ － いかに克服するか〉(http://www7b.biglobe.ne.jp/~nikkan/siryositu/kannichi.doc)

은 "모두 무효"이며, "원칙적으로 '당초부터' 효력이 발생하지 않는다"라는 원초적 무효설을 취했습니다. 조약 등이 "과거 일본의 침략주의의 소산"(1965년 8월 8일 이동원 전 외무장관의 발언)이기 때문이라는 것입니다.

이에 대해 일본 정부는 "대등한 입장에서 또 자유의사로 이 조약이 체결되었다."(1965년 11월 5일 사토 에이사쿠 수상의 발언)라고 해서 "'이제는 무효'라는 것은 현재의 시점에서는 이제는 무효가 되어 있다고 하는 객관적인 사실을 서술한 것에 지나지 않는다."라는 것입니다.

하지만 2018년 대법원 판결의 판단은 사토 수상의 답변과 명백히 모순되는 것입니다. 이에 대해 아무런 반론도 하지 않으면, '불법적인 식민지배'라고 하는 판결의 판단에 대해 일본 정부가 (묵시의) 승인을 했다고 해석될지도 모릅니다.

그럼에도 불구하고 왜 아베 정권은 대법원 판결이 묻고 있는 **'불법적인 식민지배'**라는 판단에 대해 계속 침묵한 것일까요?

제3장

언어의 마법?

아베 수상은 원고 측이 피고 기업의 자산을 압류한데 대해 "극히 유감. 정부로서 심각하게 받아들이고 있다."고 말하고, "국제법에 비추어 있을 수 없는 판결"이라고 비판하고(아사히신문 디지털 2019.1.6.), 한국 측이 1965년 청구권협정에 의해 종결된 사안을 다시 문제 삼는 것이 국제법 위반이라고 시사했습니다. 이 논리에 따르면 한국의 국제법 위반에 의해 일본이 피해를 입고 있다고 한국을 비난한 것이 됩니다.

'불법적인 식민지배' 판단의 중요성

그러나 대법원 판결이 묻고 있는 피해·가해관계는 그 반대입니다. 판결에 따르면, 피해자는 일본의 '불법적인 식민지배' 아래 일본의 가해 기업에 의한 강제동원으로 중대한 인신의 피해를 당한 한국이며, **'불법적인 식민지배'**에 따른 피해에 대해서는 일본이 한일교섭 때 그것을 부인하며 협의에 응하지 않았기 때문에, 1965년 협정에서는 해결되지 않았다는 것입니다.

'불법적인 식민지배'라는 판단이 왜 핵심적으로 중요한 것일까요? 2018년 대법원 판결은 원고들의 피해 = 손해배상청구권에 관해 아래와 같이 말하고 있습니다.[1]

(1) 우선 이 사건에서 문제 되는 원고들의 손해배상청구권은, 일본 정부의 한반도에 대한 **불법적인 식민지배** 및 침략전쟁의 수행과 직결된 일본 기업의 반인도적인 불법행위를 전제로 하는 강제동원 피해자의 일본 기업에 대한 위자료청구권(이하 '강제동원 위자료청구권'이라 한다)이라는 점을 분명히 해 두어야 한다. 원고들은 피고를 상대로 미지급 임금이나 보상금을 청구하는 것이 아니고, 위와 같은 위자료를 청구하고 있는 것이다.

이와 관련한 환송 후 원심의 아래와 같은 사실인정과

. . . .

1 앞의 책, 《「徵用工問題」とは何か?》, 81~83면.

판단은 기록상 이를 충분히 수긍할 수 있다. 즉 ① 일본 정부는 중일전쟁과 태평양전쟁 등 불법적인 침략전쟁의 수행과정에서 기간 군수사업체인 일본의 제철소에 필요한 인력을 확보하기 위하여 장기적인 계획을 세워 조직적으로 인력을 동원하였고, 핵심적인 기간 군수사업체의 지위에 있던 구 일본제철은 철강통제회에 주도적으로 참여하는 등 일본 정부의 위와 같은 인력동원정책에 적극 협조하여 인력을 확충하였다. ② 원고들은 당시 한반도와 한국민들이 일본의 불법적이고 폭압적인 지배를 받고 있었던 상황에서 장차 일본에서 처하게 될 노동 내용이나 환경에 대하여 잘 알지 못한 채 일본 정부와 구 일본제철의 위와 같은 조직적인 기망에 따라 동원되었다고 봄이 타당하다. ③ 더욱이 원고들은 성년에 이르지 못한 어린 나이에 가족과 이별하여 생명이나 신체에 위해를 당할 가능성이 매우 높은 열악한 환경에서 위험한 노동에 종사하였고, 구체적인 임금액도 모른 채 강제로 저금을 해야 했으며, 일본 정부의 혹독한 전시총동원체제에서 외출이 제한되고 상시 감시를 받아 탈출이 불가능하였으며 탈출 시도가 발각된 경우 혹독한 구타를 당하기도 하였다. ④ 이러한 구 일본제철의 원고들에 대한 행위는 당시 일본 정부의 한반도에 대한 **불법적인 식민지배** 및 침략전쟁의 수행과 직결된 반인도적인 불법행위에 해당하고, 이러한 불법행위로 말미암아 원고들이 정신적 고통을 입었음은 경험칙상 명백하다.

핵심적으로 중요한 것은 대법원 판결이 "원고들의 손해배상청구권은, 일본 정부의 한반도에 대한 **불법적인 식민지배** 및 침략전쟁의 수행과 직결된 일본 기업의 반인도적인 불법행위를 전제로 하는 강제동원 피해자의 일본 기업에 대한 위자료청구권(이하 '강제동원 위자료청구권'이라 한다)이라는 점을 분명히 해 두어야 한다. 원고들은 피고를 상대로 미지급 임금이나 보상금을 청구하고 있는 것이 아니고, 위와 같은 위자료를 청구하고 있는 것이다."라고 판시하고 있는 것입니다. 이로부터 알 수 있는 것은, 판결이 "일본 정부의 한반도에 대한 **불법적인 식민지배**"야말로 이 피해에 대한 판단의 근본적인 핵심으로 파악하고 있다는 것입니다.

또 하나 중요한 포인트가 있습니다. '일본 **식민지배의 불법성**'을 근거로 하는 배상문제야말로 한일교섭(한국 측이 제시한 8개 항목)에서도, 1965년 협정에 의해서도 다루어지지 않았다는 것입니다. 2018년 대법원 판결은 왜 원고들의 피해가 1965년 협정(한국 측이 제시한 8개 항목)에 포함되어 있지 않는지에 대해 아래와 같이 말하고 있습니다.[2]

② 샌프란시스코 조약이 체결된 이후 곧이어 제1차 한일회담(1952.2.15.부터 같은 해 4.25.까지)이 열렸는데, 그때 한국 측이 제시한 8개 항목도 기본적으로 한·일 양국 사이의 재정적·민사적 채무관계에 관한 것이었다. 위 8개 항목 가운데 제5항에 '피징용한국인의 미수금·보상금 및 기타 청구권의 변제청구'라는 문구가 있지만, 8개 항목의 다른 부분 어디에도 일본 식민지배의 불법성을 전제로 하는 내용은 없으므로, 위 제5항 부분도 일본 측의 불법행위를 전제로 하는 것은 아니었다고 보인다. 따라서 위 '피징용한국인의 미수금, 보상금 및 기타 청구권의 변제청구'에 강제동원 위자료청구권까지 포함된다고 보기는 어렵다.

③ 1965. 3. 20. 대한민국 정부가 발간한 〈한일회담백서〉(을 제18호증)에 따르면, 샌프란시스코 조약 제4

· ·

2 앞의 책, 84~86면.

조가 한·일 간 청구권 문제의 기초가 되었다고 명시하고 있고, 나아가 "위 제4조의 대일청구권은 승전국의 배상청구권과 구별된다. 한국은 샌프란시스코 조약의 조인 당사국이 아니어서 제14조 규정에 따른 승전국이 향유하는 '손해 및 고통'에 대한 배상청구권을 인정받지 못하였다. 이러한 한·일 간 청구권 문제에는 배상청구를 포함시킬 수 없다."는 설명까지 하고 있다.

④ 이후 실제로 체결된 청구권협정문이나 그 부속문서 어디에도 **일본 식민지배의 불법성**을 언급하는 내용은 전혀 없다. 청구권협정 제2조 1.에서는 '청구권에 관한 문제가 샌프란시스코 조약 제4조(a)에 규정된 것을 포함하여 완전히 그리고 최종적으로 해결된 것'이라고 하여, 위 제4조(a)에 규정된 것 이외의 청구권도 청구권협정의 적용대상이 될 수 있다고 해석될 여지가 있기는 하다. 그러나 위와 같이 **일본 식민지배의 불법성**이 전혀 언급되어 있지 않은 이상, 위 제4조(a)의 범주를 벗어나는 청구권, 곧 식민지배의 불법성과 직결되는 청구권까지도 위 대상에 포함된다고 보기는 어렵다. 청구권협정에 대한 합의의사록(Ⅰ) 2.(g)에서도 '완전히 그리고 최종적으로 해결되는 것'

에 위 8개 항목의 범위에 속하는 청구가 포함되어
있다고 규정하였을 뿐이다.

⑤ 2005년 민관공동위원회도 '청구권협정은 기본적으로
일본의 식민지배 배상을 청구하기 위한 것이 아니라
샌프란시스코 조약 제4조에 근거하여 한일 양국 간
재정적·민사적 채권·채무관계를 해결하기 위한 것이
다.'라고 공식의견을 밝혔다.

대법원 판결은 "위 8개 항목 가운데 제5항에 '피징
용 한국인의 미수금·보상금 및 기타 청구권의 변제청
구'라는 문구가 있지만, 8개 항목의 다른 부분 어디에
도 **일본 식민지배의 불법성**을 전제로 하는 내용은 없
으므로, 위 제5항 부분도 일본 측의 불법행위를 전제로
하는 것은 아니었다."고 밝히고 있습니다. 나아가 "이후
실제로 체결된 청구권협정문이나 그 부속문서 어디에도
일본 식민지배의 불법성을 언급하는 내용은 전혀 없
다."고 하고 있습니다. 그 위에 "청구권협정은 기본적으
로 일본의 식민지배 배상을 청구하기 위한 것이 아니
라 ……"는 민관공동위원회의 공식의견을 인용하고 있

는 것입니다.

여기에서도 이 판결이 다름 아닌 '**일본의 식민지배 배상**'을 묻고 있다는 것을 확실하게 알 수 있습니다.

논점 바꿔치기

그런데 아베 수상은 대법원 판결의 핵심인 '불법적인 식민지배'라는 판단에 대해서는 한 마디도 언급하지 않은 채, '논점 바꿔치기'로 1965년 한일 청구권협정에만 사람들이 주목하게 하는 대응을 했습니다.

아베 수상은 대법원 판결 선고 직후인 2018년 11월 1일의 중의원 예산위원회에서,[3] 기시다 후미오 의원의 질문에 대해 아래와 같이 답변했습니다.

. . . .

3 第197回国会　衆議院　予算委員会　第2号　平成　30年　11月　1日 （https://kokkai.ndl.go.jp/#/detail?minId=119705261X0022018110 1&current=1）. 2020년 12월 29일 열람.

○ 아베 내각총리대신: 한일관계에 관해서는 9월 유엔 총회 때 문재인 대통령과의 회담을 비롯하여 여러 기회에 미래지향의 한일관계 구축을 향해 협력해 갈 것을 누차 확인했음에도, 지적하신 한국 주최 국제관함식에서의 자위대기 게양 문제나 한국 국회의원의 다케시마 상륙, 또는 한국 대법원의 판결 등, 그것에 역행하는 움직임이 계속되고 있는 것은 매우 유감입니다.

구 조선반도 출신 노동자 문제에 관해서는, 1965년의 한일 청구권협정에 의해 완전히 그리고 최종적으로 해결되었습니다. 이번 판결은 국제법에 비추어 보면 있을 수 없는 판단입니다. 일본 정부로서는 국제재판도 포함하여 모든 선택지를 시야에 넣으면서 의연하게 대응해 갈 생각입니다.

또한 정부로서는 징용공이라는 표현이 아니라, 구 조선반도 출신 노동자 문제라고 말씀드리고 있습니다만, 이것은 당시의 국가총동원법 아래 국민징용령에서는 모집과 관알선과 징용이 있었습니다만, 실제로 이번 재판의 원고 4명은 모두 모집에 응한 것이기 때문에, 조선반도 출신 노동자 문제, 이렇게 말하고 있는 것입니다. 〔역주 1〕

한일 사이의 곤란한 여러 과제를 관리해 가기 위해

서는 일본 측 뿐만 아니라, 한국 측의 진력盡力도 필요 불가결하며, 이번 판결에 대한 한국 정부의 전향적인 대응을 강하게 기대하고 있는 바입니다.

아베 수상은 이 답변에서 대법원 판결이 지적한, 문제의 핵심인 '**식민지배의 불법성**' 판단은 전혀 언급하지 않고 있다는 점에 주목해 주십시오. "구 조선반도 출신 노동자 문제에 관해서는, 1965년의 한일 청구권협정에 의해 완전히 그리고 최종적으로 해결되었습니다. 이번 판결은 국제법에 비추어 보면 있을 수 없는 판단입니다."라고 주장하여, 1965년 한일 청구권협정에만 초점을 좁혀 답변한 것입니다.

이 고도의 PR작전으로 식민지배 책임 문제는 교묘하게 은폐되어 버렸던 것입니다. 그 결과 피해·가해관계가 역전되는 패러다임 시프트가 발생했습니다. 일본은 국제법 위반의 피해자 행세를 하고, 한국을 가해자로 만들어 비난하는 대담하고도 기발한 재주를 부리는 데 성공한 것입니다. 결국 일본이 불법적인 식민지배의 가해자이고, 강제동원당한 한국인 피해자의 인권침해야말로 핵심이라고 하는, 사태의 진상이 은폐되어 버린 것입니다.

저자는 이 '말'의 마법으로 대법원 판결의 **식민지배의 불법성** 판단이 제기하는 핵심적인 문제점을 지워버린 수법을 '논점 바꿔치기'라는 표현으로는 다 설명할 수 없다고 생각합니다. 그것은 실로 '아베의 매직(마술)'(저자가 만든 조어입니다)이라고도 할 수 있을 것입니다. 이로써 '일본이 피해자'이고 '한국이 가해자'라는 역전이 일어났다는 점에 주목해 주십시오. 대법원 판결이 제기한 핵심적인 문제(피해·가해 문제)는 그것과는 완전히 반대인 것입니다.

제4장

식민지지배가 '불법'인 이유는?

'불법적인 식민지배'라는 결론을 이끌어 낸 대법원의 헌법 해석은 한국 국내법이라는 평면에서의 문제입니다. 그러나 한일 간의 국제관계가 분쟁의 장이 되는 경우는 국제법상의 해석이 문제가 되어 법의 평면이 달라지게 됩니다. 그래서 국제법의 평면에서도 일본에 의한 식민지지배가 불법이었는가라는 문제를 검토할 필요가 있습니다.

저자는 앞서 인용한 《역사인식과 한일 '화해'의 길》(日本評論社, 2019)을 출판하여, 대일본제국이 대한제국의 독립을 박탈하여 실질적인 식민지로 만든 1905년 11월 17일자의 〈한일협약〉이라는 조약이 실제로는 '존재하지 않는다'는 사실[1]을 논증했습니다. 이 책은 오랜

....

1 2019년 5월 이후 몇번의 연설 등을 통해 보고했다. ① 앞의 졸저, 《徵用工問題」とは何か?》 제3장(139~176면)에 요약을 실었

연구를 보고한 것으로서 상당한 분량입니다. 또 학술적인 논문의 합본이기 때문에, 일반 독자에게는 읽기 어려운 것일지도 모릅니다.

그래서 그 에센스를 여기에서 어떻게 독자에게 소개하는 것이 좋을지를 생각했습니다. 결국 코리아넷의 '칼럼'란에 게재한 에세이를 이용하는 방법이 가장 간편하지 않을까라는 생각에 이르렀습니다. 길이도 내용의 평이함도 알맞다고 생각합니다. 컴퓨터가 앞에 있으면 간단히 액세스할 수 있습니다.² 컴퓨터를 가지고 있지 않는 분도 계실지 모릅니다. 코리아넷의 양해를 얻어 아래에 그 에세이를 그대로 인용 게재하여 독자 여

. . . .

다. ② 그 밖의 강연 등에 관해서는, 戸塚悦朗, 〈歴史認識と日韓の「和解」への道(その8) − 2018年韓国大法院判決の衝撃と〈植民支配〉の不法性判断への対応〉, 《龍谷法学》 53−1, 223~272면에서 보고했다. ③ 최근에는 2020년 11월 18일에 리쓰메이칸立命館대학에서 개최된 저자의 강연 〈1905年11月17日付の「日韓協約」は存在しない〉〈乙巳条約協定締結115周年記念特別研究会〉(Zoom)에서 보고했다.

2 웹에서는 戸塚悦朗, 〈【コラム】1905年11月17日付の〈日韓協約〉は存在しない〉, 文化体育観光部海外文化弘報院コリアネット, 2020.3.6. (https://japanese.korea.net/NewsFocus/Column/view?articleId =183574). 2020년 12월 29일 열람.

러분이 읽어 주실 것을 부탁드리고자 합니다.

1905년 11월 17일 〈한일협약〉은 존재하지 않는다

2020년 3월 26일은 안중근 대한의군 참모중장이 처형된 지 110주년이 되는 날입니다. 안중근 대한의군 참모중장은 1909년 10월 26일, 일본의 한국 식민지화 과정을 주도한 이토 히로부미 공작을 하얼빈역에서 사살한 한국인 독립운동 활동가입니다. 일본에 의한 재판으로 1910년 2월 14일에 사형판결을 받아 같은 해 3월 26일에 처형되었습니다.

그럼에도 불구하고, 안중근이라는 인물의 크기, 사상가로서의 자질, 예술적인 재능 등을 숭상하는 일본인도 적지 않습니다.

그러나 한일 사이에는 안중근 대한의군 참모중장에 대한 평가가 180도 다릅니다. 한국에서는 독립운동의 영웅이라고 합니다만, 일본에서는 이토 히로부미 공작을 '암살'한 '테러리스트'라고 합니다. 진정 이 평가는 올바른 것일까요?

대일본제국의 지배 아래에 있던 관동도독부 지방법원이 재판관할권을 가지고 있었는지 여부가 최대의 법적 문제점입니다. 재판관은 1905년 11월 17일자 〈한일협약〉(한국에서는 을사5조약이라고도 합니다. 사진1〔이 책에서는 사진 4〕의 일본 외무성 발행 조약집 참조) 제1조(대한제국의 외교권을 일본의 외무성이 행사하고, 한국 신민의 외교보호권도 일본 영사가 가진다는 것)를 근거로 하얼빈의 일본 총영사에게 재판관할권이 있다고 판단한 것입니다. 그 결과 재판관은 한국인인 안중근에게 일본 형법의 살인죄를 적용하여 사형을 선고했습니다. 그러나 이 재판에는 중대한 결함이 있습니다.

1963년 유엔 총회에 제출된 유엔 국제법위원회(ILC) 보고서에서는 일본(이토 히로부미가 주도)이 대한제국의 대표였던 황제와 각료들 개인을 협박하여 체결을 강제했다는 사실이 조약의 무효원인이라고 되어 있었던 것입니다.

결과적으로 일본 재판소는 안중근 재판의 재판관할권

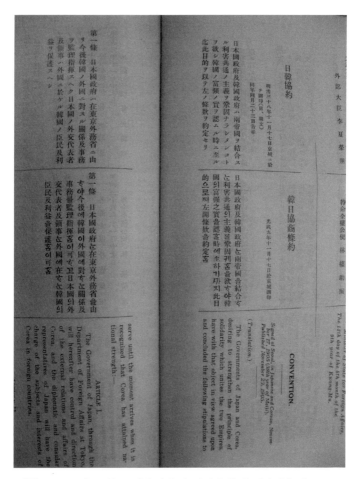

〔사진 **4**〕 1905년 11월 17일자 〈제2차 한일협약〉의 일본어판. 《舊條約彙
纂 第3卷(朝鮮·琉球)》, 外務省條約局(1934.3.), 204면. 교토대학 소장.

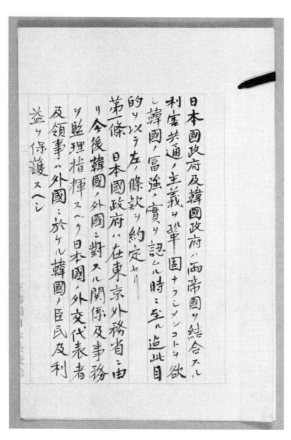

〔사진 5〕 1905년 11월 17일자 〈제2차 한일협약〉의 일본어 원본. 협약 명칭이 빠졌다(일본 외무성 외교사료관 소장). 외무성 외교사료관 웹사이트 주소는 다음과 같다. https://www.jacar.go.jp/goshomei/index.html 2010년 6월 25일 열람

을 소유할 법적인 근거가 없었다는 것이 됩니다.

그 밖에도 '안중근 재판이 불법적인 재판이었다'는 주장을 뒷받침하는 중요한 논점이 있습니다. 1905년 11월 17일자 〈한일협약〉의 존부 문제입니다.

일본 정부가 보관하고 있는 일본어판 조약문 원본의 첫 행은 공백으로 되어 있고, 〈한일협약〉이라는 제목이 없습니다(사진 5). 이것은 미완성인 문서에 지나지 않은 것입니다. 바꾸어 말하면, 조약문 기초 단계의 원안, 즉 초안일 뿐이었던 것입니다. 결국 1905년 11월 17일자 〈한일협약〉이라는 '조약'은 존재하지 않았다고 생각하는 것이 합리적입니다.

설령 이 조약이 존재한다고 가정하더라도, 또 하나의 문제가 있습니다. 대한제국의 독립과 국가주권을 빼앗는 중요한 조약이기 때문에 당연히 조약 체결권자(고종황제)의 서명이나 비준이 필요합니다만, 고종황제의 서명도 비준도 없었습니다.

한국 측은 비준필요설을 주창하여, 1905년 11월 17일자 〈한일협약〉은 비준서가 없기 때문에 무효라고 주장했습니다. 이에 대해 일본 측은 1905년 이후의 문헌에 의거하여 1905년 11월 17일자 〈한일협약〉의 조문에 비준을 요구하는 명문 규정이 없다는 이유로 비준불요설을 주장했습니다.

저는 1905년 11월 17일 이전의 일본 국제법학자의 학설을 망라적으로 조사했습니다만, 당시 국제법학자의 학설은 비준필요설 일색이며, 비준불요설은 발견되지 않았습니다.

조약의 효력을 검토하기 위해서는 그 이전의 국제법에 기초할 필요가 있다는 국제법 원칙인 'Intertemporal Law'(시제법時際法)의 원칙에 비추어 보면, 1905년 이후의 문헌에 의거한 학설은 설득력이 없다고 해야 할 것입니다.

일본이 안중근 재판의 재판관할권의 근거로 삼은 1905년 11월 17일자 〈한일협약〉은 존재하지 않는 조약이었던 것입니다. 그렇다면 안중근 재판은 관할권이 없음에도 강행된 불법적인 재판이었다고 하지 않을 수 없습니다. 스가 요시히데 관방장관이 2014년의 기자회견에서 안중근을 "테러리스트"라고 정의한 것은 올바른 평가가 아닙니다.

안중근 대한의군 참모중장은 일본의 대한제국 침략으로부터 모국의 독립을 지키기 위해 자위전쟁을 수행한 의용군의 장군이었다고 평가해야 합니다. 불법적인 재판으로 '사형' 판결을 선고받았다고 해서 '테러리스트'였다고 하는 것은 이치에 맞지 않습니다.

그는 공판 과정에서 자신의 행위가 통상의 살인죄라는 것을 부인하고 대한의군의 참모중장으로서의 행동이므로 국제법에 기초하여 포로로서 대우하라고 요구하고, 전쟁범죄에 해당하는지 여부에 대한 재판이 이루어져야 한다고 주장했습니다. 재판소는 이 주장에 대해서는 무시하고 판단하지 않았습니다. 그러나 안중근이 항소하지 않아 사형판결이 확정된 것입니다.

한 걸음 더 나아가 생각하면, 실제로는 존재하지 않았던 1905년 11월 17일자 〈한일협약〉을 기초로 체결된 1910년 한국병합조약도 무효였다는 것이 됩니다.

한일 양국의 국민들이 역사인식을 둘러싼 협의와 연구를 심화시켜, 1905년 11월 17일자 〈한일협약〉에 관한 진정한 역사인식을 공유하도록 노력해야 하는 것 아닐까요?

이 연구의 파생 효과

'1905년 11월 17일자 〈한일협약〉은 존재하지 않는다'는 이 발견은 어떤 파생효과를 낳을까요? 독자에게는 충격적일지도 모르겠습니다만, 논리적으로 아래의 두 가지 점을 이야기할 수 있다고 저자는 생각하고 있습니다.

① 존재하지 않는 〈한일협약〉을 근거로 1905년 11월부터 대한제국이 '자유의사'에 기초하여 합법적으로 대일본제국의 보호국(실질적인 식민지)이 되었다고 이야기되어 왔습니다만, 이 〈한일협약〉이 존재하지 않는 이상, 그것은 대한제국 조약체결권자의 '자유의사'를 따르지 않은 보호국화이며, 불법적인 지배(무력에 의한 강제적 점령)이라고 평가됩니다.

② 또 존재하지 않는 〈한일협약〉에 따라 창설된 '통감'은 불법적인 존재였습니다. 그 불법적인 존재였던 통감(데라우치寺內)이 대일본제국을 대표하여 서명하고 대한제국 정부를 지휘하여 서명하게 한 1910년 병합조약은, 쌍방대리[3]에 의해 제정된 것입니다. 뿐만 아

니라 대한제국 측의 비준도 없었습니다. 결국 병합조
약은 국제법상 무효였다고 평가되어야 합니다.[4] 그렇
다면, 2018년 대법원 판결에 따른 '불법적인 식민지
배'라는 헌법 판단은 국제법학에 의해서도 뒷받침된
것입니다.

. . . .

3 같은 사람이 계약 당사자 쌍방의 대리인이 되어 각각의 대리행
위를 하는 것은 한쪽의 이익을 도모하고 다른 쪽의 이익을 해할
염려가 있기 때문에 금지된다. 예를 들면 일본 〈민법〉 108조.

4 역사학의 입장에서 같은 결론을 이끌어 낸 연구로서는, 和田春
樹, 《韓国併合110年後の真実 – 条約による併合という欺瞞》(岩
波ブックレット), 岩波書店, 2019(와다 하루키 지음/남상구, 조윤
수 옮김, 《한국병합 110년만의 진실: 조약에 의한 병합이라는 기
만》, 지식산업사, 2020).

제5장

기록(기억)이 사라져 간다

식민지지배에 대한 역사인식의 심화에 관해서는 앞에서 서술했습니다.

역대 정권의 역사인식의 심화

호소카와 정권 이래 일본의 역대정권은 식민지지배에 관한 역사인식을 착실하게 진전시켰고, 전후 50년이되는 1995년 8월의 무라야마 수상 담화가 특히 주목받았습니다. 병합조약 100년을 맞아 발표된 간 나오토수상 담화(2010년 8월 10일)는, "당시의 한국 사람들은그 뜻에 반하여 이루어진 식민지지배에 의해, 나라와문화를 빼앗기고 ……"라고 하여, 병합조약에 대한 법적 입장을 변경하기 직전 단계까지 역사인식을 심화시켰습니다.

하지만, 2015년 전후 70주년 아베 수상 담화는 한국 병합조약에 의한 식민지지배에 대해 침묵했습니다. 그 점에 관해서는 뒤에서(제6장) 상세하게 설명합니다.

아베 정권의 식민지지배에 대한 침묵

아베 정권은 전술한 것처럼 식민지지배에 대해서는 완전히 침묵했습니다. 아베 수상은 2018년 11월에 국회에서, 2019년 1월에는 미디어를 통해 논점 바꿔치기를 하여, 식민지지배의 불법성 문제를 무시한 채 1965년 한일 청구권협정에만 초점을 좁혀 대법원 판결을 비난함으로써, 한일 양국 사이의 분쟁을 격화시켰습니다. 이 고도의 PR작전에 따라, 일본이 불법적인 식민지지배의 가해자이고, 강제동원 피해자로서 한국인 인권침해야말로 문제의 핵심이라는, 사태의 진상이 은폐되어 버린 것입니다.

간 나오토 수상 담화(2010년)는 어디에?

그 직후인 2019년 2월 간 나오토 수상 담화는 수상 관저의 홈페이지에서 조용히 삭제되어 버렸습니다. 실로 교묘한 디지털 시대의 네거티브 PR전술을 전개한 것입니다. 그러나 이 사실은 거의 알려져 있지 않습니다. 저자는 강연을 할 때마다 이 사실을 알고 있는 사람이 얼마나 되는지 물어보았습니다. 그러나 유감스럽게도 알고 있는 사람을 만난 적이 없습니다. 이것은 기술적으로 매우 복잡한 문제입니다. 알기 쉬운 설명이 곤란한 것입니다. 상세한 설명은 저자의 논문[1]에 넘기기로 하고, 여기에서는 상세한 설명은 생략합니다. 흥미가 있는 독자는 논문을 참조해 주시기 바랍니다.

. . . .

1 앞의 戸塚悦朗, 〈歷史認識と日韓の「和解」への道(その8)〉에서 보고했다.

역사 망각의 시대와 스가 요시히데 정권

한 마디로 말하면, '역사 망각의 시대'가 시작된 것입니다.

이 디지털시대의 기록(기억) 삭제 사건(관저 홈페이지에서 2010년 8월 10일 간 나오토 수상 담화의 삭제)은, 디지털청 신설을 주창하고 있는 스가 요시히데 수상이 관방장관이었던 시기에 발생했습니다. 스가 요시히데 정권의 디지털청 시대에는 휴대전화 요금은 다소 싸질지도 모릅니다. 그러나 일본은 조지 오웰의 《1984년》이 묘사하는 '디스토피아의 세계'로 빠져들 가능성이 있습니다. 미디어가 정권의 컨트롤을 받는 것만이 아닙니다. 우리들이 스스로 정보를 구하려고 해도 진정으로 필요한 정보는 입수할 수 없게 될 가능성이 있습니다. 그것이 아무도 모르는 사이에 진행되어 버리기 때문에 무서운 것입니다.

저자는 스가 요시히데 새 수상이 관방장관이었을 당시 기자회견에서 피력한 역사인식에 주목하고 있습니다. 이것이 스가 요시히데 정권의 역사인식을 시험하는 리트머스 시험지가 될 가능성이 있습니다.

2013년 중국 정부가 한국 정부와 협의를 거쳐 하얼빈에 안중근의 기념비와 기념관을 설치할 계획을 공표했을 때의 일이었습니다. 아베 내각의 관방장관이었던 스가 요시히데 씨는 기자회견에서 안중근 대한의군 참모중장에 대해 "범죄자"이고 "사형판결을 받은 테러리스트"라는 등의 말을 하며 그 계획을 추진해 온 한중 두 정부를 비판했습니다.

역사적인 기록과 기억을 남기고자 안중근 기념관의 설치를 계획한 중국 정부와 그것을 환영한 한국 정부를 비판하며, 스가 요시히데 관방장관은 대한의군 참모중장으로서 대한제국의 독립을 지키는 자위전쟁을 수행한 안중근을 '테러리스트'라고 잘라 말한 것입니다.

중국도 한국도 대일본제국 시대에 식민지지배와 침략으로 피해를 당한 역사를 기억하는 기념관을 설치하려고 한 것입니다. 그 기록과 기억의 전시에 반대한 이 사건으로부터 추론하면, 스가 요시히데 정권은 다른 경우의 역사인식에 관한 기록이나 기억에도 반대하는 정책을 취할 가능성이 있다고 예상할 수 있습니다. 그것과 관련해서 아베 신조 정권과 스가 요시히데 관방장관이 이끈 일본은, '모리 가케 사쿠라'[역주 2] 등 기록의 삭제·은폐·개찬이 항상화되고, 나아가 그것을 은폐하기 위한 허위답변이 국회에서 횡행한 시대였습니다. 그것을 상기하는 사람은 적지 않을 것입니다. 이것들은 서로 연관되어 있는 것입니다.

이번 새 수상의 선임과정에서 스가 요시히데 씨의 그 발언을 상기한 사람들도 있지 않을까요? 그것으로부터 스가 요시히데 수상의 역사인식은 아베 신조 전 수상의 그것과 큰 차이가 없을 것이라고 예측한 것은 저자만일까요? 그렇게 생각하고서 시험 삼아 '안중근 스가 관방장관'이라는 키워드로 인터넷 검색을 해 보았습니다. 과연 같은 우려를 하는 사람들이 적지 않다는 사실을 알 수 있었습니다. 예를 들면 검색 항목 맨 위에 올라와 있는 한국인들의 반응에 관한 정보[2]에 주목해 보는 것만으로도 그러한 견해가 표적을 벗어난 것

· · · · · · · · · · · · · · · · · · · ·
2 〈これが菅官房長官の歴史観？過去の発言に韓国ネット仰天「日韓関係は終わりだ…」〉, *Record China*, 2020.9.3. 17:20 (http://www.recordchina.co.jp/b832946-s0-c10-d0058.html). 2020년 11월 1일 열람.

이 아니었다는 사실을 알 수 있습니다.

Record China(배포 일시 : 2020년 9월 3일(목) 17시 20분)의 "이것이 스가 관방장관의 역사관? 과거의 발언에 대해 한국 인테넷 격노, '한일관계는 끝이다 ……'" 라는 기사는, 스가 요시히데 씨가 자민당 총재선거에서 최유력 후보가 되었을 때 공표되었는데, "한국·아시아 경제"를 언급하며, "스가 관방장관은 2013년 11월 19일 안중근 기념비 설치를 향한 한중의 움직임에 대해 질문을 받았을 때 '일본은 한국 정부에 대해 안중근은 범죄자라는 입장을 전달해 왔다'고 말하고, '기념비는 한일관계에 플러스가 되지 않는다'는 의견을 제시했다. 또 2014년 1월 중국에 안중근 기념관이 개관했을 때도 '안중근은 일본의 초대 수상을 살해하고 사형판결을 받은 테러리스트'라고 말했다. 이에 대해 한국의 인터넷 유저들은 '너무 심한 발언이다', '전범국이 피해국을 향해 범죄자라고!?', '이런 사람이 다음 수상? 이제 한일관계는 끝이다'라고 낙담하는 목소리가 속출하고 있다 ……"고 보도했습니다.

하지만 안중근 대한의군 참모중장이 '테러리스트'라

고 말할 수 있을까요? 앞에서 서술한 것처럼, 일본의 재판소는 '존재하지 않는' 1905년 11월 17일자 〈한일협약〉을 재판관할권의 근거로 삼고, 일본 국내법(형법)에 따라 사형판결을 내렸습니다. 이와 같은 안중근 대한의군 참모총장에 대한 재판(1910년 2월 14일)은 재판관할권이 없어서 불법이었다고 하지 않을 수 없습니다. 그렇다면 안중근 대한의군 참모중장은 위법한 재판으로 사형판결을 받고 처형된 것이 됩니다. 이것은 국가에 의한 '살인'이었다고 비판받아도 어쩔 수 없는 일입니다. 안중근은 대일본제국의 불법적인 지배(무력에 의한 강제적 점령) 아래에서 자국의 독립을 위해 의군 참모중장으로서 대일 자위전쟁을 수행한 것입니다. 법정에서 그가 주장한 대로 당시의 국제법 아래에서도 포로로서 대우를 받을 자격이 있었습니다. 게다가 만일 그를 처벌하려고 한다면 일본법인 형법이 아니라 전쟁범죄를 저질렀는지 여부에 관한 국제법에 의한 재판을 받을 권리를 보장하고서 별도의 재판을 할 필요가 있었던 것입니다.

그러면 어떻게 해야 하는가?

　대법원 판결 문제를 '기억·책임·미래' 기금이 상징하는 독일 모델을 참조하면서 해결하려고 하는 유력한 목소리도 있습니다.

　그러나 아베 정권의 계승을 기치로 내걸면서 과거를 직시하기를 거부하고, 역사인식의 기록도 삭제하는 정치가 과거의 기억과 책임을 미래에 계승하려 하는 독일의 사상으로부터 배우는 것은 극히 어려운 일 아닐까요?

　그렇다면 어떻게 해야 할까요?

제6장

과거를 미래에 이어 가기 위해서는

"대법원 판결 문제를 '기억·책임·미래' 기금이 상징하는 독일 모델을 참조하면서 해결하려고 하는 유력한 목소리도 있다."고 적었습니다. 2019년 7월의 일입니다만, 일본을 대표하는 지식인 가운데 한 사람인 우쓰노미야 겐지宇都宮健児 전 일본변호사연합회 회장이 아래와 같이 제언했습니다.[1]

'국가 사이의 협정으로 개인청구권이 소멸되지 않는다는 것은 국제법의 상식'으로서, 한국에서는 강제동원에 따른 피해의 구제를 위해 강제동원 피해의 진상규명 및 지원을 위한 법률이 제정되었는데, 일본 정부도 진상규명과 사죄와 배상을 목적으로 하는 조치를 취해야

. . . .

1 宇都宮健児, 〈[寄稿]徴用工問題の解決に向けて〉, 《ハンギョレ》, 2019.7.22(http://japan.hani.co.kr/arti/opinion/33949.html). 2020년 10월 25일 열람.

한다. 나아가 우리는 2007년 4월 27일에 일본의 최고 재판소가 강제동원에 관련된 기업과 그 관계자에 대해, 강제동원 피해자들에 대한 자발적인 보상을 위한 노력을 촉구했다는 점에 유의하면서, 이미 자발적인 노력을 하고 있는 기업을 평가하는 동시에, 다른 기업에 대해서도 마찬가지의 노력을 하도록 호소한다. 그때 상기해야 하는 것은, 독일에서 마찬가지의 강제노동 피해에 관해 독일 정부와 독일 기업이 공동으로 '기억·책임·미래' 기금을 설립하여 피해자의 피해 회복을 도모했다는 사실이다. 한국에서는 진상규명위원회가 피해자로부터 피해 신고를 받아 피해사실을 심사하고 있기 때문에, 그 위원회와도 연계하여 한일 양국 정부의 공동작업으로 강제노동 피해자의 피해 회복을 추진하는 것도 검토해야 한다.

"그때 상기해야 하는 것은, 독일에서 마찬가지의 강제노동 피해에 관해 독일 정부와 독일 기업이 공동으로 '기억·책임·미래' 기금을 설립하여 피해자의 피해 회복을 도모했다는 사실이다."라고 한 점, 일본이 독일 모델에 따른 해결을 참고하면 전시 강제노동에 관한 한일의 현안을 해결할 수 있다는 비전이 제시되어 있다는 점에 주목하고자 합니다.

한국의 지식인도 마찬가지의 견해를 공표했습니다만, 그 상세한 내용은 생략합니다.

그러면 한일 지식인이 주목하는 독일 모델의 전형인 '기억·책임·미래' 기금은 무엇일까요?

'기억·책임·미래' 기금

인터넷에서 '기억·책임·미래' 기금을 검색해 보면, 두 번째로 '코토방크(コトバンク)'의 "'기억·책임·미래' 기금이란"이라는 항목이 나옵니다.[2]

· ·

2 '기억·책임·미래' 기금에 관한 《コトバンク》(日本大百科全書〔ニッポニカ〕)의 해설(https://kotobank.jp/word/%E3%80%8C%E8%A8%98%E6%86%B6%E3%83%BB%E8%B2%AC%E4%BB%BB%E3%83%BB%E6%9C%AA%E6%9D%A5%E3%80%8D%E5%9F%BA%E9%87%91−1611554) 참조. 2020년 10월 25일 열람.

① 그것에 따르면, '기억·책임·미래' 기금의 개요는 "나치스 정권 아래 자행된 독일 기업에 의한 강제노동 피해자들에게 보상을 하기 위한 기금"이며, "2000년 설립. 국가배상이 아니라 인도적 견지에 따른 자발적 보상으로서, 2001년부터 2007년까지 동유럽을 비롯하여 전 세계 대략 100개국의 약 166만 명 이상의 사람들에게 합계 44억 마르크(2007년 당시로 약 7,040억 엔)을 지급했다."고 되어 있습니다.

② 이 기금의 목적과 명칭의 관계에 관해서는, 기금은 단지 보상만을 목적으로 하지 않고, 과거를 직시하고 박해의 기억과 책임을 미래에 이어 갈 목적으로 '기억·책임·미래'라고 했던 것입니다.

③ 기금의 규모는 커서, '기금 총액은 101억 마르크. 강제노동은 국책적 성격이 강했기 때문에 독일 정부가 반액을 갹출하고 나머지를 나치 정권 아래에서 강제노동을 하게 한 폭스바겐, 지멘스, 바이엘 등의 대기업, 그리고 그 밖의 약 6,500개 회사가 갹출했다'고 합니다.

재단에는 독일 정부와 강제노동에 책임이 있는 기업

이 기금을 절반씩 갹출하여 기금총액 101억 마르크라는 거액의 기금이 조성되었다는 사실은 위의 ③에서 서술한 대로입니다. 이것이 획기적인 해결방법을 가능하게 한 기둥이 되었습니다. 따라서 한일 지식인들이 강제노동 문제의 해결을 위해 독일 모델에 기대한 것은 충분히 이해할 수 있습니다. 그러나 이런 거액의 기금은 무엇을 목적으로 설치된 것일까요? 우리는 바로 그 이유와 기본 사상을 진중하게 연구하지 않으면 안 됩니다.

말할 것도 없이, 이 기금은 단지 피해자에게 보상하는 것만을 목적으로 한 것이 아닙니다. 독일의 기금은 위의 ②에 서술되어 있는 것처럼, "과거를 직시하고 박해의 기억과 책임을 미래에 이어"가는 것을 목적으로 하고 있는 것입니다. 바로 그 때문에 이 기금에 '기억·책임·미래'라는 명칭이 부여된 것입니다. 거액의 기금이 갹출될 수 있게 한 것은 '기억·책임·미래' 기금이라는 명칭이 상징하는 대로, 다름 아니라 "과거를 직시하고 박해의 기억과 책임을 미래에 이어"간다는 목적을 독일의 정부도 기업도 사회도 모두 하나가 되어 공유했기 때문에 가능했던 것 아니겠습니까? 오히려 이 '목적'의 공유야말로 기금 설립의 원동력이 되었다고 생각해야 할 것입니다.

우선 이 목적과 원동력의 중요성을 이해할 필요가 있습니다. 그 명칭이 상징하는 것처럼, 역사인식과 사상을 공유하는 것이야말로 독일 모델에 따른 해결을 실현하기 위한 필수조건인 것입니다. 그렇다면, 일본이 독일 모델의 해결을 지향하기 위해서는 일본의 정부와 기업과 사회가 보상을 위한 자금을 출자하는 것만이 아니라, 왜 출자가 필요한지를 깊이 생각하는 것으로부터 시작하는 것, 그 위에서 "과거를 직시하고 박해의 기억과 책임을 미래에 이어" 간다고 하는 목적을 공유하여 기금 조성을 위한 원동력을 만들어 내는 것이 우선 필요한 것입니다.

그렇다면 과거를 성실하게 마주하는 역사인식 없이 독일 모델을 구상할 수는 없다고 생각됩니다. 이것을 마음에 새기는 것이 중요한 것입니다. 그것이야말로 독일 모델을 참조하기 위한 필수조건임을 확인하고, 거기에서부터 우리의 사고와 행동을 시작하지 않으면 안

될 것입니다.

일본의 정부에도 기업에도 사회에도 이 독일의 기금에 필적하는 기금을 설립할 재력은 있습니다. 그러나 일본의 정부, 기업, 사회는 과연 위와 같은 역사인식과 사상을 공유할 수 있을까요? 이 질문에 답하기 위해서는 아래의 세 가지 질문에 답하는 것이 필요합니다.

① 과거를 직시하고 그것을 계속 기억할 수 있을까요?
② 박해의 책임을 승인할 수 있을까요?
③ 박해의 기억과 책임을 미래에 이어갈 수 있을까요?

이 질문들을 자문해 보는 것이야말로, 지금 일본이 직면하지 않으면 안 되는 최대의 과제라고 생각되는 것입니다.

과거를 미래에 이어 가는 사상의 공유

이들 질문을 상정하고서 현상을 재검토해 보았습니다.

앞에서 서술한 대로 저자는 "아베 정권의 계승을 기치로 내걸면서 과거를 직시하기를 거부하고, 역사인식의 기록도 삭제하는 정치가가 과거의 기억과 책임을 미래에 계승하려 하는 독일의 사상으로부터 배우는 것은 극히 곤란한 일이 아닐까?"라는 의문을 떠올리는 비관적인 심경에 빠져 있었습니다. "저자는 제2차 아베 정권 발족(2012년 12월) 이후 일본은 지금까지의 역대 정권의 흐름으로부터 크게 벗어나 완전히 이질적인 역사인식의 시대로 빠져들어 버린 것이 아닌지 우려하고 있습니다. 저자에게는 마치 '별세계'에 떨어져 버린 듯이 느껴지는 것입니다."라고 적었습니다.

대법원 판결이 애써 식민지지배의 불법성 문제를 들어 전시 강제노동 노동자에 대한 불법행위에 따른 책임을 일본 기업에게 물었는데, 아베 수상은 마법을 쓰듯 그 문제를 지워 버렸습니다. "① 과거를 직시하고 그것을 계속 기억할 수 있을까? ② 박해의 책임을 승인할 수 있을까? ③ 박해의 기억과 책임을 미래에 이어갈 수 있을까?"라는 3단계의 질문 가운데 1단계에서 이미 고꾸라져 버린 형국입니다.

일본의 잠재력에 대한 기대

일본은 독일로부터 자연과학도 인문과학도 법학도 열심히 배웠습니다. 나치 정권 시대라는 한 시기에 3국 군사동맹(일본·독일·이탈리아)을 맺어 버린 통한의 잘못을 제외하면, 독일은 매우 좋은 스승이었습니다. 그런데 독일은 그 나치 시대의 과거 역사에 직면하여 과거를 기억하고 그것을 바로잡는 방법으로 '기억·책임·미래' 기금의 사상을 만들어 냈습니다. 그런 독일로부터 배울 능력·자질이 일본에게는 없는 것일까요? 솔직히 고백하면, 생각하면 생각할수록 '정신이 아득해질' 정도의 절망감에 사로잡히게 됩니다.

아베 정권은 '별세계'를 만들어 마법 같은 PR전술로

식민지지배의 역사를 바로 볼 호기를 지워 버렸습니다.

그럼에도 불구하고, 일본에는 아직 희망이 있는 것일까요?

잘 생각해 보면, 일본에는 플러스 면도 있습니다.

첫째, 일본국헌법 제정 이래 2010년까지는, 비록 점진적이기는 했지만, 일본의 역대정권은 전쟁과 식민지지배에 대한 역사인식을 착실하게 심화시켜 왔습니다.

둘째, 그 도중에 있었던 일입니다만, 1993년 8월의 고노 요헤이河野洋平 관방장관 담화는

위안소는 당시의 군 당국의 요청에 따라 설치된 것이며, 위안소의 설치·관리 및 위안부의 이송에 관해서는, 구 일본군이 직접 또는 간접적으로 이에 관여했다. 위안부의 모집에 관해서는, 군의 요청을 받은 업자가 주로 이에 임했는데, 그 경우에도 감언·강압에 의하는 등 본인들의 의사에 반하여 모집된 사례가 많이 있고, 나아가 관헌 등이 직접 이에 가담한 경우도 있었다는 사실이 밝혀졌다.

라고 전시戰時의 여성에 대한 중대한 박해행위에 관한 사실관계를 인정했습니다.

저자는 자료보고[3]의 본문에 고노 담화의 전문을 인용했습니다. 역대 정권의 역사인식 흐름 속에 자리매김해 보면, 이것은 전쟁에 관한 일본 정부의 역사인식을 비약적으로 진전시킨 것이었다고 할 수 있습니다.

그뿐만 아니라, 고노 담화에서는 또 이렇게 말합니다.

우리는 이와 같은 역사의 진실을 회피하지 않고, 오히려 이것을 역사의 교훈으로서 직시해 가고자 한다. 우리는 역사 연구, 역사 교육을 통해 이와 같은 문제를 영원히 기억하고, 같은 잘못을 결코 반복하지 않겠다는 굳은 결의를 다시금 표명한다.

음미하고 싶은 것은, 고노 담화가 과거를 "역사의 교훈으로서 직시"하고, "역사 연구, 역사 교육을 통해 이

....

3 戸塚悦朗,〈歴史認識と日韓の「和解」への道(その10) − ILO2018年專門家委員会見解とソウル中央法院に提出された意見書〉【資料の続き】,《龍谷法学》53−3, 2021.

와 같은 문제를 영원히 기억하고"(다시 말해 미래에 이어가고), "같은 잘못을 결코 반복하지 않겠다는 굳은 결의"를 표명했다는 점이며, 이 점에 주목해야 합니다.

이 흐름은 과거·책임·미래에 대해 당시(1993년) 일본 정부의 자주적인 자세를 밝히고 있습니다. 이 사상은 독일 모델(2000년 설립)의 그것에 매우 가까운 것입니다. 위의 세 개 질문에 정면으로 답할 수 있는 내용과 질을 담고 있습니다.

게다가 잊어서는 안 되는 것은, 이 중요한 약속이 보수 자민당 정권(미야자와 기이치宮沢喜一 내각)이 각의결정까지 해서 스스로 밝힌 것이라는 사실일 것입니다. 자민당 정권이 이렇게 솔직하게 과거 역사를 기억하고 그것을 미래에 이어 가겠다고 결의를 표명했던 것입니다.

만일 이 약속이 오래도록 계속 일본 정치의 주류가 된다면, 이윽고 독일 모델에 따른 해결을 실현하는 방향을 향해 가겠지요. 그런 중요한 가능성을 품은 획기적인 약속이 표명되었던 것입니다.

일본의 역대 정권(자민당 단독 정권 시대)에는 이런

잠재적인 힘이 있었던 것입니다. 거기에 눈을 돌리면 일본에도 상당히 큰 가능성이 숨겨져 있다고도 할 수 있는 것 아니겠습니까?

그렇다고 하더라도 일단 '별세계'에 빠져 버린 일본이, 이 곤란한 상황을 타개하고, 원래 가지고 있던 일본의 잠재력을 회복하기 위해서는 어떻게 해야 할까요? 관점을 바꾸어 역사인식 문제에 대한 새로운 접근을 검토해 볼 수는 없을까요?

새로운 접근

그러기 위해서 일단 역대 정권의 역사인식의 발전을 연구하는 데서 벗어나, 저자의 개인적·주관적인 체험을 상기하는 것으로부터 재출발해 보고자 합니다.

저자는 법학 이외에 물리학과 심리학을 배운 적은 있었습니다만, 역사학적 소양은 갖추지 못했습니다. 직업도 원래 변호사였고, 유엔에서 인권옹호를 위한 NGO

활동에 종사한 적은 있었지만 한일 국제관계를 연구한 사람도 아니었습니다. 그런데 왜 안중근 대한의군 참모중장과 동양평화론 연구를 시작하게 된 것일까요?

특수한 개인적인 체험이더라도, 어쩌면 다른 많은 사람들도 우연히 얻은 착상[4]으로부터 안중근 대한의군 참모중장이나 식민지지배 문제에 대해 배울 기회를 얻게 될지도 모르는 것입니다. 많은 사람들이 각자의 개인적인 체험으로부터 전혀 다른 각도에서 식민지지배 문제와 씨름할 수 있는 힌트를 얻을 수 있을지도 모릅니다. 그렇기 때문에 새로운 발상과 발전을 모색할 여지를 생각할 수 있는 것 아니겠습니까?

그렇게 생각하면 저자의 경험은 보편성을 품고 있을지도 모른다고 생각합니다. 최근에 그에 대해 강연을 할 기회[5]가 있었습니다. 그것을 토대로 다시금 되돌아

· ·

4 Christian Busch, *The Serendipity Mindset*, Penguin, 3 September 2020.

5 戸塚悦朗, 〈安重根《東洋平和論》研究は日韓の「和解」への道を拓く － 忘れてはいけない〈菅首相談話〉〉, 2019年第6回日韓国際学術会議プログラム·テーマ; EU構想の先駆け, 安重根《東洋平和論》の21世紀的再評価) 第III部; ラウンドテーブル〈日本は安重根をどう向き

보고자 합니다.

안중근 대한의군 참모중장의 유묵과의 만남

우연한 일이었습니다만, 저자가 근무하게 된 류코쿠
대학(교토시 후카쿠사 캠퍼스)의 도서관 귀중도서 보존
고에 안중근 대한의군 참모중장의 귀중한 유묵이 잠자
고 있다는 사실을 알았습니다. 어쩌면 안중근 대한의군
참모중장으로부터 유묵을 통해 '질문'을 받고 있었기
때문이 아니었을까라고 느끼는 불가사의한 체험을 한
것입니다. 〈류코쿠대학에서의 안중근 동양평화론 연구
의 흐름 : 100년의 잠에서 깨어난 유묵〉이라는 논문6

. . . .

合えばよいのか － 韓国併合, 安重根裁判, 東洋平和論をとおして〉,
龍谷大学大宮学舎·西讚2会大会議室, 2019.11.3.(日) 13:00∼17:00.
6 戸塚悦朗, 〈龍谷大学における安重根東洋平和論研究の歩み: 100
年の眠りからさめた遺墨(上)〉, 《社会科学研究年報》 44, 2014.5,
57∼66면(http://repo.lib.ryukoku.ac.jp/jspui/bitstream/10519/5611/
1/skk-np_044_006.pdf). 戸塚悦朗, 〈龍谷大学における安重根東
洋平和論研究の歩み: 100年の眠りからさめた遺墨(下)〉, 《社会科
学研究年報》 44, 2014.5, 67∼78면(http://repo.lib.ryukoku.ac.jp/jspui/

을 통해 보고했습니다만, 그것이 아래의 연구를 시작하는 계기가 되었던 것입니다.

'부름'(저자는 '질문'이라고 생각했습니다만)을 받은 자에게는 '응답'할 책임이 생긴다고 합니다. 무슨 이야기인가? 다소 깁니다만, 인용하겠습니다. 철학자 다카하시 데쓰야高橋哲哉 교수는 아래와 같이 말합니다.[7]

> '부름'과 '응답'은 인간의 가장 기본적인 커뮤니케이션입니다. 예를 들면 길 위에 쓰러져 도움을 구하는 사람이 있으면 우리는 도우려고 합니다. 친구로부터 인사를 받으면 인사를 합니다. 이 관계는 어머니와 아기의 관계로부터 시작됩니다. 이렇게 인간의 기본적인 커뮤니케이션인 부름과 응답이라는 관점에서 전후 책임을 파악할 때 우리는 이웃으로부터의 호소를 무시할 수 있는가라는 것입니다.

· ·

bitstream/10519/5616/1/skk-np_044_007.pdf)

7 高橋哲哉, 〈「レスポンシビリティ」としての戦後責任論 － 歴史を知り, 応答することから始まる〉, 《情報学連 Report》, 2016/08/17 (http://ictj-report.joho.or.jp/1608-09/sp01.html). 2020년 12월 31일 열람.

물론 도움을 요청받아도 무시한 채 지나치고, 인사를 받더라도 반응하지 않는다고 하는 선택지는 있습니다. 하지만 그런 태도를 보이면 상대와의 관계는 악화됩니다. 주변국과의 관계에서는 애당초 일본에 대해 불신감을 품고 있었던 경우 부름에 응답하지 않으면 불신감이 더 증대됩니다. 과연 그래도 좋은가라는 것이 저의 호소였습니다.

자신이 태어나기 이전에 일어난 일에 대해 사죄를 요구받으면 곤혹스럽다라는 감각은 이해할 수 있습니다. 그렇더라도 타자로부터 부름이 있는 한, 우리는 그 부름에 어떻게 응답할 것인지를 생각하지 않으면 안 됩니다. 그러기 위해서는 우선 역사를 알 필요가 있습니다. 어떻게 응답할 것인지는 그 역사를 알고 난 다음에 각자가 판단하면 되는 것입니다. 이 점을 생각하더라도 저는 일본이 국가적 차원에서 사죄와 보상을 해야 한다고 생각합니다. 따라서 일본의 유권자로서 정부에 그 실행을 요구해야 한다고 호소했습니다.

이렇게 철학적인 사색의 뒷받침도 있으니, 저자가 개인적인 체험이라고 느끼고 있던 것은 어쩌면 보편성에 연결될 가능성을 가지고 있는지도 모릅니다. 어쩌면 많은 일본인들이 비슷한 체험을 할지도 모릅니다. '정말 그렇다'라고 희망을 걸고 싶습니다.

어쨌든 저자는 그 책임을 다하려고 아래의 연구를 시작한 것이 아닐까요? 지금 되돌아보고 그렇게 생각해 보면 자신이 그 뒤 이 연구를 계속해 온 경과가 납득이 가는 것입니다.

어쩌면 유묵을 본 학생들도 그런 불가사의한 체험을 할지도 모릅니다. 학생들은 강한 '질문'을 느끼고서 깊이 생각하고 배우려고 할지도 모릅니다. 그렇게 생각하면서 최근 류코쿠대학의 특별수업[8]에서는 '안중근 대한의군 참모중장의 유묵을 보고 어떤 질문을 받았다고 느꼈는가'라고 학생들에게 질문해 보았습니다.[9] 회답은 아직 보지 않았습니다만 어떤 내용일지 기대가 됩니다.

· ·

[8] 戸塚悦朗講義録: 〈歴史認識と日韓「和解」への道 — 徵用工問題と韓国大法院判決を理解するために〉, 龍谷大学(深草学舍) 《現代社会の諸問題》〈東アジアの未来: 国民国家を越えたグローバル観〉 第4回 2020.10.20(이수임李洙任 교수 주최).

[9] 특별수업의 사전 퀴즈(3개 문항)의 Q1으로 "지금까지의 수업에서 안중근 대한의군 참모중장의 행동, 유묵, 생애, 동양평화론 등에 대해 배웠습니다. 당신은, 안중근 대한의군 참모중장이 그것을 통해 일본인에게 무엇을 묻고 있다고 생각합니까?"라고 물었다.

〔사진 6〕 〈이토 히로부미 죄악 15개조〉의 비. 2008년 12월 (구) 안중근의사기념관 앞
뜰에서 저자가 촬영

　두 번째 질문을 만난 것은, 안중근 대한의군 참모중
장의 고향인 한국을 방문해, 안중근이 검찰관에게 제출
하기 위해 쓴 〈이토 히로부미 죄악 15개조〉의 비문[10]

. . . .

10　비문의 일본어역은 〈伊藤博文の罪状　15ケ条(이토　히로부미의

(사진 6)을 만난 2008년 12월의 일이었습니다. (구) 안중근의사 기념관 앞뜰에 서 있는 개조식으로 적힌 〈15개조〉의 두 번째 항목에는 한문으로 1905년 11월 17일의 한국보호조약(?)(비문에는 단지 "5조약"이라고 되어 있음)을 강제한 죄가 적혀 있었습니다.[11]

왜 〈한국보호조약〉에 (?)를 붙였는지에 대해 설명하 겠습니다. 석비에 새겨진 안중근이 쓴 한문에는 "5조약 五條約"이라고 되어 있습니다. 한국에서는 〈을사 5조약〉 이라고 불리는 경우가 많습니다만, 이 조약의 명칭은 불 가사의한 점이 여럿 있습니다. 일본에서는 일반적으로 〈보호조약〉이라고 불리는 경우가 많은 듯합니다. 이미 설명한 대로 공식적으로는 외무성이 발행한 조약집에서 는 〈일한협약日韓条約〉이라고 되어 있습니다. 저자의 연 구에서는 이 1905년 11월 17일자 〈한일협약〉의 조약

- -

죄상 15개조)〉라는 제목으로 아래의 책에 실려 있다. 《安重根義 士の生と国を愛するストーリー: 獄中自叙伝》, 安重根義士崇慕会, 安重根義士記念館, 2013, 111면.

[11] 위 옥중 자서전의 일본어 번역에는 "2. 1905年, 大韓帝国皇帝陛 下を脅迫して五ケ条を結んだ罪(2. 1905년 대한제국, 황제폐하를 협박하여 5개조를 맺은 죄)"라고 되어 있다.

안중근 대한의군 참모중장의 유묵과의 만남 **131**

문 원본이 존재하지 않는다는 사실이 확인되었습니다. 그래서 이것은 '신기루의 조약'이고 불가사의한 조약이라는 의미를 담아 여기에서는 (?)를 붙인 것입니다.

비문은 '이 조약을 깊이 연구하라'[12]고 저자에게 말을 거는 듯했습니다.

그때 운 좋게 만날 수 있었던 김호일金鎬逸 명예교수(당시 안중근 의사 기념관 관장)로부터 받은 의뢰[13]는 류코쿠대학이 소장하고 있는 유묵의 서울 전시와 안중근 재판의 불법성에 관한 연구라는 과제였습니다. 이것이 세 번째 질문이 되었습니다.

류코쿠대학의 유묵을 서울에서 전시하는 일은 상당히 어려웠습니다만, 다행히 결국 실현되었습니다. 그 경과는 《사회과학연보》에 실린 논문인 〈100년의 잠에서 깨어난 유묵〉 (상) (하)에서 보고했습니다. 안중근

. . . .

12 저자는 그때까지 이 조약(?)에 대한 연구를 신중하게 진행하고 있었다. 예를 들면, 戸塚悦朗, 〈統監府設置100年と乙巳保護条約の不法性 − 1963年国連国際法委員会報告書をめぐって〉, 《龍谷法学》 39-1, 2006.6, 15~42면 등.

13 이것도 행운이었는데, 그 기념관의 직원으로 일본어 능력이 뛰어난 이혜균李惠筠 씨가 통역을 해 주어 의사 소통이 가능했다.

재판의 불법성에 관한 연구를 완성하는 데는 그 뒤 10년이나 걸리고 말았습니다. 〈역사인식과 한일 '화해'의 길〉 시리즈 논문(《龍谷法学》에 게재)으로 보고했습니다. 2018년 10월까지 안중근 대한의군 참모중장 재판의 불법성에 관한 연구는 일단 완성되었다고 할 수 있는 단계에 도달했습니다. 그래서 2019년 11월 5일(우연입니다만, 안중근 참모중장이 〈이토 히로부미 죄악 15개조〉를 쓴 지 110년이 되는 해입니다) 일련의 논문을 실어 《역사인식과 한일 '화해'의 길》이라는 책으로 출판할 수 있었습니다.

그래도 안중근 대한의군 참모중장 재판의 석비는 지금도 계속 묻고 있는 듯이 느끼고 있습니다.

석비가 묻고 있는 것

위에 실은 사진의 석비에는 안중근 대한의군 참모중장이 든 이토 히로부미 죄악 15개조(1909년 11월 6일의 안중근의 주장)가 새겨져 있습니다. 이것은 안중근 대한의군 참모중장이 왜 이토 히로부미 공작을 사살했는지, 그 이유를 검찰관에게 열거한 것입니다. 그것은 대한제국의 독립을 지키는 대일 자위전쟁을 수행하고 있던 안중근 대한의군 참모중장이 일본에게 묻고 싶었던 사유였던 것입니다. 그것은 또한 당시의 대한제국 (그리고 지금의 대한민국) 사람들이 본 한일관계의 역사인식을 상징하고 있다고 보아도 좋을 것입니다.

그 가운데 1, 2, 8을 들어 봅시다.

1. 1895년 10월 8일,[14] 일본군이 황궁(경복궁)에 돌입하여 한국 황후를 살해하게 한 죄
2. 1905년 11월 7일, 일본군을 데리고 황궁(덕수궁)에 돌입하여 고종황제와 각료를 협박하여 5개조 조약의 체결을 강제한 죄.

· ·

14 이때는 이토 히로부미가 수상이었다. 제2차 이토 내각이 1892년 8월 8일에 성립되어 이토가 제5대 총리대신에 취임했고, 1896년 8월 31일에 사임했다. 수상관저 홈페이지(http://www.kantei.go.jp/jp/rekidainaikaku/005.html#link01). 2020년 12월 20일 열람.

8. 국권 회복을 위해 봉기한 대한제국의 의사들과 그
가족 10여만 명을 살해한 죄.

이것들은 대한제국에 대한 대일본제국의 무력행사(전
쟁이라고 해도 좋을 다수의 전투행위)이며, 중대한 주권
침해 행위라고 생각할 수 있습니다. 이것들을 표로 제
시하면 아래와 같습니다.

〔표 1〕 안중근 대한의군 참모중장의 역사인식

안중근의 이토 15죄악(1909) 석비	
1895년	황궁 돌입. 황후 살해.
1905년	황제 협박. 5조약 체결.
1909년까지	한국의 의사 등 10여만 명 살해

아베 신조 수상의 전후 70주년 담화(2015년)

그러면 아베 수상은 안중근 대한의군 참모중장의 질
문에 응답하고 있을까요? 그것을 확인하기 위해 아베
수상의 전후 70주년 담화를 검토해 보고자 합니다. 이

담화는 위의 《역사인식과 한일 '화해'의 길》에 게재한 논문 시리즈 (그 4)의 (자료 1)로 실었습니다. 이것은 지금도 수상 관저 홈페이지에 게시되어 있습니다.[15]

담화에서는 100년 이상 이전의 세계는 "식민지지배의 파도"의 시대라고 보고 있습니다. 이토 히로부미가 스승으로 받든 요시다 쇼인吉田松陰의 역사인식을 이어받고 있습니다. 요시다 쇼인의 시대는 어떻든, 이토 히로부미 수상의 시대에 일본만이 그 파도에 직면하고 있었을까요? 문제는 "식민지지배의 파도"가 자연현상인 듯이 적혀 있다는 것입니다. 안중근 대한의군 참모중장이 묻고 있는 위의 표에 적힌 무력행사 등으로 대일본제국 자신이 이 파도를 일으켜 대한제국을 집어삼키려 하고 있었던 것입니다. 그 중요한 역사적 사실은 아베 담화에는 서술되어 있지 않습니다.

아베 담화는, 대일본제국은 메이지유신으로 중앙집권국가를 실현하고, 메이지헌법을 제정하여 근대적인 입

. . . .

15 위의 2015년 8월 14일 내각총리대신담화(https://www.kantei.go.jp/jp/97_abe/discource/20150814danwa.html). 2020년 12월 31일 열람.

헌정치를 확립했다고 서술하고 있습니다. 부국강병을 표어로 구미 열강을 따라잡자며 노력한 것, 그리고 일본이 러일전쟁을 일으켜 승리한 것도 역사적인 사실입니다. 러일전쟁이 아시아·아프리카의 사람들에게 용기를 주었던 것은 반은 사실이지만, 그것은 일본 측에서 본 일면적인 역사관일 뿐입니다. 러일전쟁의 목적은 대한제국을 보호국화하여 사실상 식민지로 만들려는 것이었습니다. 바로 그 때문에 포츠머스 조약 제2조에 그것이 규정된 것입니다. 이것은 대일본제국에게는 커다란 전과이고 빛이었을지 모릅니다. 그러나 빛이 있으면 그늘도 있는 법입니다. 안중근 대한의군 참모중장이 그 그늘을 엄하게 지적하며 그것을 죄악으로서 대일본제국에게 물었던 데 대해서는 아베 담화에는 전혀 언급되어 있지 않습니다.

아베 수상의 역사인식은 안중근 대한의군 참모중장이 이토 히로부미의 15죄악을 통해 명확하게 지적한 역사적 사실, 일본의 정책으로 도탄의 곤경을 겪고 있던 대한제국 사람들한테는 일절 눈을 돌리지 않고 있습니다. 이것을 표로 만들면 다음과 같습니다.

〔표 2〕아베 신조 수상의 역사인식

아베 수상의 전후 70주년 담화(2015)	
100년 이상 이전의 세계	식민지지배의 파도
대일본제국 헌법(1889)	입헌정치·독립
러일전쟁(1904~05)	아시아·아프리카인들에게 용기 부여
1차대전(1914~18)	민족자결의 움직임
	국제연맹 부전조약·전쟁 위법화

아베 수상의 역사인식에는 일본의 대한제국 식민지화의 역사가 완전히 결여되어 있다는 점에 주목해야 할 것입니다. 그 점은, 안중근 대한의군 참모중장이 천황에게 전해 주기 바란다며 검찰관에게 말한 이토 히로부미 15죄악 석비의 내용과 아베 수상의 전후 70년 담화를 대비하는 〔표 3〕을 보면 일목요연합니다.

아베 수상은 국제연맹의 성립(1919년)과 부전조약의 체결(1928년)을 제1차 세계대전(1914~18년) 이후의 중요 사실로 들지만, 그 이전의 국제법의 발달은 언급하지 않고 있습니다. 그 시대는 "식민지지배의 파도"라는 한 마디로 묶여 있습니다. 왜일까요? 이러한 아베 사관을 읽은 사람들은 언뜻 보아 전쟁을 위법화하는 국제법이 제1차 세계대전 이전에는 전혀 존재하지 않았

〔표 3〕 안중근 대한의군 참모중장과 아베 신조 수상의 역사인식 비교

안중근의 이토 15죄악 석비(1909)		아베 수상의 전후 70주년 담화(2015)	
1895년	황궁 돌입, 황후 살해	100년 이상 이전의 세계	식민지지배의 파도
		대일본제국 헌법 1889년	입헌정치·독립
1905년	황제 협박, 5조약 체결	러일전쟁 1904~05년	아시아·아프리카인들에게 용기 부여
1909년까지	한국의 의사 등 10여만 명 살해		
		1차대전 1914~18년	민족자결의 움직임
			국제연맹 부전조약 전쟁 위법화

던 듯한 잘못된 인상을 가지게 되는 것 아닐까요? 아베 수상은 그러한 일면적인 역사인식을 확산시키고 싶은지도 모릅니다.

그러나 아베 사관은 아래와 같은 역사적 사실에 주목하지 않는 것입니다. 칸트의 평화론사상은 그보다도 한 세기 이상 이전부터 제창되었습니다. 그것은 안중근 대한의군 참모중장의 동양평화론에도 영향을 주었을 가능성이 있다고 지적되고 있습니다. 부전조약 성립 이전

에 이미 국제사회는 헤이그 평화회의(1899년, 1907년) 를 개최했습니다. 그 역사를 무시할 수는 없습니다. 구 미 열강이 중심이었지만 그 밖의 다른 독립국도 참가 했습니다.

대한제국도 일단은 초대를 받아 1907년의 헤이그 평 화회의에 참가하려고 했습니다. 그러나 신기루의 1905 년 11월 17일자 〈한일협약〉(이른바 한국보호조약)을 이 유로 한 대일본제국의 방해로 실현되지 못했습니다.[16] 두 번의 헤이그 평화회의는 국제분쟁의 평화적 해결 절차를 정하고, 상설 중재재판소를 설립했을 뿐만 아니 라, 헤이그 육전법규를 제정하여 명문으로 전쟁범죄를 금지했습니다.

안중근 대한의군 참모중장은 이런 국제법의 발전에 관해 배웠다는 사실을 엿볼 수 있습니다. 바로 그 때문 에 그는 법정에서 당시의 국제법 아래에서 포로로 대 우받을 자격이 있다고 주장한 것입니다. 그 위에서 그

. . . .

16 위의 〈歷史認識と日韓の「和解」への道〉 논문 시리즈 연재 (その 2)에 대한제국의 1907년 헤이그평화회의 참가가 저지된 역사에 관해 서술하고 있으니 참조 바란다.

는 일본의 국내법인 형법이 아니라, 전쟁범죄에 관한 국제법에 따른 재판을 받을 용의가 있다고까지 주장했던 것입니다. 유감스럽게도 재판관도 검찰관도 법정이 붙인 변호인(2명의 일본인)도 그의 물음에 전혀 응답하지 않았습니다. 그가 선임한 변호인은 법정에 의해 거부되었습니다.

저자는 1905년 이전의 일본 국제법학의 상황을 조사했습니다만, 구미 여러 나라의 국제법학을 깊이 연구한 연구서가 다수 출판되어 있었다는 사실에 감명을 받았습니다. 유럽에서 발달한 국제법은 제국주의시대의 국제법이라는 한계는 있지만, 국제사회가 완전한 무법상태였던 것은 아닙니다. 그리고 일본의 국제법학자는 그 사실을 알고 있었습니다. 유감스럽게도 대일본제국 정부는 국제법을 무시했고 그 상태가 지금까지 이어지고 있는 것입니다.

응답책임을 다한다는 것

아베 수상은 이 중요한 역사에 대한 언급을 피하고 있다는 사실에 주목해야 할 것입니다. 만일 스가 요시히데 수상을 비롯한 일본의 정치가가 1965년 한일 청구권협정에만 초점을 맞추지 않고, 안중근 대한의군 참모중장의 물음에 대한 응답책임을 다하려고 생각한다면 어떻게 될까요?

거기까지는 아니더라도 2018년 대법원 판결의 '불법적인 식민지배'라는 핵심적 판단이 던지는 질문에 응답하려고 하는 것만으로도 좋습니다. 일본 정부의 식민지 지배에 대한 역사인식이 획기적으로 심화될 것임에 분명하다고 생각합니다.

이와 같이 일본 정부가 응답책임을 다하는 것이 한일 사이의 진정한 화해로 나아가는 출발점이 된다고 생각합니다. 그리고 유권자인 일본의 국민들이 응답책임을 다하는 것이 일본 정부의 자세 변화로 이어지게 될 것입니다.

가져야 할 마음가짐은?

일본의 정부와 사회, 다시 말해 우리들이 어떤 마음가짐을 가지면 한일관계를 우호적인 것으로 만들 수 있을까요?

첫째 과거 특히 식민지지배의 역사적 사실을 직시하는 것.
둘째 전시 강제동원 피해와 같은 식민지지배 책임을 받아들이는 것.
셋째 그 과거의 기억과 책임을 미래에 계승하는 것.

이와 같은 마음가짐을 가지는 것이 요구되고 있는 것 아닐까요? 일본 사회가 이러한 마음가짐을 널리 공유하는 것으로부터 재출발하지 않으면, 성급한 '해결'을 서둘러도 또다시 고꾸라져 버리게 됩니다. 2015년 12월의 한일 외교장관 회담이 '위안부' 문제의 해결을 실현하지 못한 채 결국 실패해 버린 사실을 상기해야 할 것입니다.

그 합의에서 일본 정부는 과거를 직면하지 않고, (비

밀합의를 통해) '위안부' 문제가 '성노예' 문제라고 하는 국제적인 평가를 부정하는 데 집착했습니다. 또 과거를 기억하기는커녕 반대로 '소녀상'의 철거를 한국 측에 요구함으로써, 다름 아닌 역사의 망각을 자기목적화해 버렸습니다.

그 결과 이 외교장관 합의는 그것을 거부하는 일부의 피해자들과 피해자 지원단체에 받아들여지지 못했고, 아래와 같이 피해자 측 전체와의 화해를 실현하는 데 실패한 것입니다.

2015년 한일 외교장관 합의가 피해자의 권리를 실현하지 못했다는 결과는 아래와 같은 한국의 사법판단에 의해 확인되었습니다.

① 2019년 12월 26일, 서울고등법원은 '위안부' 피해자(원고)와 한국 정부(피고) 사이에서 계속 중이던 '위안부 합의' 국가배상청구사건에서 '조정을 갈음하는 결정'을 선고했습니다. 거기에서는 아래와 같이 확인되었습니다.

"피고는 2015. 12. 28. 한일 외교장관회담 합의(이하

'위안부 합의'라고 한다)가 역사 문제 해결에 있어 확립된 국제사회의 보편적 원칙에 위배되고 피해자중심주의 원칙에 반한 것으로 위 합의로 인하여 원고들이 정신적 고통을 겪었다는 점을 겸허히 인정한다. 피고는 위안부 합의가 일본군 위안부 피해자 문제의 진정한 해결이 될 수 없다는 점을 분명히 하고, 향후 피해자들의 존엄과 명예를 회복하기 위한 대내외적 노력을 계속한다."

② 2019년 12월 27일, 한국의 헌법재판소는 아래와 같은 결정을 선고하여 위의 외교장관 합의에도 불구하고 '위안부' 피해자의 권리도 한국 정부의 외교보호권도 소멸되지 않았다는 점을 명확하게 했습니다.

"이 사건 합의는 일본군 '위안부' 피해자 문제의 해결을 위한 외교적 협의 과정에서의 정치적 합의이며, 과거사 문제의 해결과 한·일 양국 간 협력관계의 지속을 위한 외교정책적 판단으로서 이에 대한 다양한 평가는 정치의 영역에 속한다. 이 사건 합의의 절차와 형식에 있어서나, 실질에 있어서 구체적 권리·의무의 창설이 인정되지 않고, 이 사건 합의를 통해 일본군 '위안부' 피해자들의 권리가 처분되었다거나 대한민국 정부의 외교적 보호권한이 소멸하였다고 볼 수 없는 이상 이 사건 합의로 인하여 일본군 '위안부' 피해자들의 법적 지위가 영향을 받는다고 볼 수 없다."

③ 2021년 1월 8일, 서울중앙지방법원 제34민사부(재판장 부장판사 김정곤)는 일본군 '위안부' 피해자 12명이 일본국을 상대로 제기한 손해배상청구 조정절차가 민사소송으로 전환된 사건에 대해, 원고들의 청구를 모두 인용하여, 피고 일본국에 대해 원고들에게 각각 1억원을 지급하라는 획기적인 판결[17]을 선고했습니다.

주목해야 할 것은 이 2021년 1월 8일의 서울중앙지방법원 판결도 일본 식민지지배의 불법성 문제를 지적하여, 일본에 대해 질문을 던지고 있다는 것입니다.

이 판결에 대한 일본 정부(스가 요시히데 수상)의 반응은 예상대로, ① 국가(주권)면제에 의해 각하되어야 한다, ② 1965년 한일 청구권협정에 따라 종결되었다

<hr />

17 서울중앙지방법원 2021.1.8. 선고 2016가합505092 판결.

라는 것입니다. 그리고 일본 정부가 항소하지 않았기 때문에, 이 판결은 1월 23일에 확정되었습니다.

또한 2021년 4월 21일에는 일본군 '위안부' 피해자가 일본 정부를 상대로 제기한 또 하나의 민사소송에 대한 서울중앙지방법원의 판결이 예정되어 있습니다[역주 3].

일본군 '위안부' 문제에 대해서는 더 많은 검토를 하지 않으면 안 됩니다. 여기에서 다 서술하는 것은 도저히 불가능하기 때문에 별도로 검토하기로 하고, 여기에서는 더 이상 서술하지 않겠습니다. 일본 정부와 사회의 반응은 이 책에서 지금까지 서술한 흐름을 바꾸는 것이 아니라는 점만 서술해 둡니다.

저자는 미래를 열어젖히기 위해 있어야 할 역사인식의 원칙을 아래와 같이 정리했습니다.

① "KI MURI KI MUA"(미래를 위해 과거에 눈을 돌린다)(마우리족).
② "전사불망 후사지사(前事不忘 後事之師)"(저우언라이[周恩來] 중화인민공화국 전 수상).

③ "과거를 잊어버리는 자는 현재에 대해서도 맹목이 된다." (바이츠제커[Richard von Weizsäcker] 전 서독 대통령).

④ "우리는 일본과 한반도의 21세기를 신뢰와 희망의 세기로 창조하기 위해 〈세계인권선언〉 및 〈일본국헌법〉의 이념에 기초하여 각자 '동포의 정신'으로 행동하고자 합니다." ('〈한국병합〉 100년 시민 네트워크'의 〈반성과 화해를 위한 시민선언〉).

일본은 이 '화해'의 실패를 교훈으로 되새기고, 위와 같은 역사인식의 원칙을 가슴에 새겨, 과거의 기억과 책임을 미래에 계승하려고 하는 독일의 사상을 성실하게 배우는 계기로 삼음으로써 진정한 한일 우호를 실현하려는 재출발을 할 수 있다고 믿습니다.

맺음말

이 책의 결론으로 일본이 식민지지배의 불법성을 인정하면 어떤 일이 일어날 것인지에 대해 적어 두고자 합니다.

저자는 일본이 식민지지배의 불법성을 인정하면 많은 긍정적인 결과를 예상할 수 있다고 생각합니다. 그것이 한국과 일본의 접근, 그리고 일본이 동아시아에서 차지하는 지위에서 매우 중요한 계기가 될 것이라고 생각하는 것입니다.

만일 일본이 한국에 대한 식민지지배의 불법성을 인정하게 되면 '어디까지 추락할지 모른다'는 불안감을 가지고 있는 일본인들이 적지 않을 것입니다. 많은 일본인들은 '불법성을 인정하는 순간 얼마나 많은 배상을 해야 할지 모른다'는 강한 불안감을 가지고 있는 듯합니다. 그 때문에 '무슨 일이 있어도 불법성을 인정할 수 없다'라는 결론으로 비약해 버리는 것이겠지요.

그러나 잘 생각해 보면 그런 불안은 근거가 부족하다는 사실을 알게 될 것입니다. 그에 관해서는 위에서 제시한 《'징용공 문제'란 무엇인가》의 마지막에 적었습니다.

만일 식민지지배의 불법성을 인정하면 실은 좋은 일 천지라는 측면이 있는 것입니다. 일본의 국제관계는 현저하게 호전되기 시작합니다. 헌법 전문이 내걸고 있는 "국제사회에서 명예로운 지위를 차지하고자 한다"라는 희망, 그 꿈이 정말로 실현되는 것입니다. 허구를 믿으면서 살 필요가 없어지기 때문에 일상적으로 스트레스가 줄어듭니다. 자녀 교육에는 비길 데 없이 좋은 효과가 있을 것입니다. '터부'에 묶이지 않고 발상이 자유로워지기 때문에, 학문에도 좋은 영향이 있습니다. 일본의 정치에도 좋은 영향을 줍니다.

또 하나의 측면, '그러면 곤란한 점은 없는가?'라는

문제를 검토할 필요가 있습니다. 솔직히 말해, 상당히 큰 산을 넘을 필요가 있습니다. 그러나 결단과 지혜가 있으면 곤란을 극복할 수 있을 것입니다.

기본적으로는 과거의 역사적 사실을 인정하고, 성실하게 사죄하는 것이 필요합니다. 독일의 선례를 따라, 그것에 수반되는 네거티브한 영향은 최소한에 그치게 할 수 있습니다.

'위안부' 문제와 전시 강제동원 문제는 ILO조약 위반의 범죄이고, 불법적인 식민지지배 아래에서 발생한 중대한 인권침해로서 국제법상의 불법행위입니다.[1] 한국에 대한 비난을 그만두고, 성실하게 협의하면 해결은 충분히 가능할 것입니다.

1 戸塚悦郎, 《ILOとジェンダー － 性差別のない社会へ》, 日本評論社, 2006 참조.

자 료

일본 국회회의록 검색 시스템

https://kokkai.ndl.go.jp/#/detail?minId=105004967X0
1019651105&current=3(2020년 7월 18일 열람)

제50회 국회 중의원 일본국과 대한민국 간의 조약 및
협정 등에 관한 특별위원회 제10호, 1965년 11월 5일

001　안도 카쿠安藤覺

○ 안도 위원장　지금부터 회의를 시작하겠습니다.

　일본국과 대한민국 간의 기본관계에 관한 조약 등의

체결에 대해 승인을 요청하는 건, 일본국과 대한민국 간의 어업에 관한 협정의 실시에 수반되는 동 협정 제1조 1의 어업에 관한 수역의 설정에 관한 법률안, 재산 및 청구권에 관한 문제의 해결 및 경제협력에 관한 일본국과 대한민국 간의 협정 제2조의 실시에 수반되는 대한민국 등의 재산권에 대한 조치에 관한 법률안, 일본국에 거주하는 대한민국 국민의 법적 지위 및 대우에 관한 일본국과 대한민국 간 협정의 실시에 수반되는 출입국관리특별법안, 위의 각 건을 일괄하여 의제로 합니다. 질의를 진행하겠습니다. 이시바시 마사시 군.

002　이시바시 마사시石橋政嗣

○ 이시바시 위원　지난 번에 세 가지 점에 대해서만 질문을 한 뒤 부당하게 중단되었습니다만, 이어서 여러 가지 질문하고자 합니다.

문제는 먼저 무효가 되는 조약, 협정, 의정서가 몇 건인가, 그 가운데 중요한 것에 대한 설명과 함께 답변을 부탁하고자 합니다.

003 시나 에쓰사부로椎名悦三郎

○ 시나 국무대신 이전에 말씀드린 것은 병합조약, 그리고 병합 이전의 여러 조약으로서 각각의 규정에 따라 목적을 달성하고 효력이 상실된 것, 이렇게 말했습니다만, 그 구체적인 조약의 명칭을 들라는 말씀이므로, 이것은 정부 당국이 답변하도록 하겠습니다. ('기다려 기다려'라는 외침, 기타 발언하는 자 있음) 정부위원이 말씀드리겠습니다.

004 후지사키 마사토藤崎萬里

○ 후지사키 정부위원 1948년 8월 15일에 실효된 것은 병합조약 한 건뿐입니다. 그 이전의 병합 이전의 조약은 각각 병합 시에 실효된 것입니다.

005 이시바시 마사시

○ 이시바시 위원   우리의 이해로는 그렇게 생각하지 않습니다. 가령 그런 설명이 있을지도 모르지만, 적어도 무효가 되는 것은 한 건뿐이라고 하는 그런 일은 없다고 생각합니다. 그 이전의 부분도 전부 포함해서 몇 건인지 답변 부탁합니다.

006 후지사키 마사토

○ 후지사키 정부위원   한일병합 때에 실효한 것은 52건, 이〔대한민국〕독립 때 실효한 것은 병합조약 한 건뿐입니다.

007 이시바시 마사시

○ 이시바시 위원   이 문제는 다른 점에 관련이 있어서 질문을 한 것이기 때문에, 〔답변이〕 매우 애매하니

다만, 다음 질문으로 넘어갑니다. 총리에게 질문하고자 합니다만, 지금 대표적인 조약으로 1948년 8월 15일에 효력을 상실했다고 지적되고 있는 병합에 관한 조약 이것은 대등한 입장에서 자주적으로 체결된 것이라고 생각하시는지, 이 점에 대해 답변을 부탁합니다.

008 사토 에이사쿠佐藤榮作

○ 사토 내각총리대신 대등한 입장에서, 또 자유의사로 이 조약이 체결되었다, 이렇게 생각하고 있습니다.

009 이시바시 마사시

○ 이시바시 위원 거기에 문제가 있습니다. 총리는 이번의 이 심의를 통해 열심히 이웃나라와의 우호관계 확립, 선린우호라는 것을 주장하고 있습니다. 하지만 저로서는 방금 말씀하신 이 병합조약이 대등한 입장에

서 자주적으로 체결되었다는 그런 의식으로 진정한 선린우호는 확립할 수 없다고 생각합니다. 언제부터 조약이 무효가 되는가라는 이야기는 매우 사무적이라는 인상을 받습니다. 그러나 한국 측이 저토록 매우 엄하게 당초부터 없었던 것이라는 주장을 하는 그 배후에 있는 국민감정을 이해하지 못하고서 어떻게 선린우호를 주장할 수 있는지 저는 말하고 싶은 것입니다. 당신은 지금 대등한 입장에서 체결된 조약이라고 말씀하셨습니다만, 당시의 경위가 여러가지로 드러나 있기 때문에 저는 그 가운데 특히 이토 히로부미伊藤博文 특파대사가 당시의 한국 황제와 만났을 때의 회담을 일본의 천황 폐하에게 보고하는 형태로 남긴 것을 조금 읽어보고자 합니다. 이것은 외무성이 편찬한 일본외교문서 제38권에 실려 있는 것입니다. 문서로 배포했으니 처음 부분은 생략합니다.

이상과 같이 폐하의 애소하는 사정 이야기는 몇번이나 반복되어 멈추지를 않습니다. 대사는 마침내 지나치게 장황해지는 것을 피해 아래와 같이 말합니다.

대사: 이 안은 제국 정부가 여러 고려를 거듭하여 더 이상 추호도 변통의 여지가 없는 확정안으로서 …… 오늘의 핵심은 단지 폐하의 결심 여하에 있다. 이것을 승락하든 혹은 거절하든 마음대로이지만, 만일 거절하면 제국 정부는 이미 결심한 바가 있다. 그 결과는 어떻게 될 것인가? 생각건대 귀국의 지위는 이 조약을 체결하는 것 이상으로 곤란한 경우에 처하고, 한층 불이익한 결과를 각오하지 않으면 안 된다.

폐하: 짐이라고 해서 어찌 그 이치를 모르겠는가. 그렇지만 일이 중대하다. 짐이 지금 친히 이를 재결할 수 없다. 짐의 정부 신료에게 자문하고, 또 일반 인민의 의향도 살필 필요가 있다.

대사: 일반 인민의 의향을 살핀다는 말씀에 이르러서는 참으로 기괴하다고 생각한다. …… 인민의 의향 운운하는 것은 인민을 선동하여 일본의 제안에 대한 반항을 시도하려는 의향이라고 추측된다. 왜냐하면 귀국의 인민은 유치하다. 애당초 외교 사정에 대해서는 어두워, 세계의 대세를 알 도리가 없다. 과연 그

렇다면 단지 그들로 하여금 쓸데없이 일본에 반대하게 하려는 것에 지나지 않는다. 작금에 유생 패거리들을 선동하여 비밀리에 반대운동을 하게 하고 있다는 것은 벌써부터 우리 군대가 탐지하고 있는 것이다. 이것은 극히 일부이다. 전문을 여기에 지참하고 있는데 …….

이런 태도로 한국의 황제를 몰아세워서 체결한 조약, 그런 조약을 대등한 입장에서 자주적으로 체결했다고 하는 의식으로는 무엇을 어떻게 하더라도 선린우호를 확립할 수 없다고 말하고자 하는 것입니다.

들은 바에 따르면, 어저께 자민당에 호출된 참고인은 이번 한일회담을 이런 비유로 평가했다고 합니다. 즉 강매 폭력단이 현관 앞에 죽치고 앉았다, 그때 대처하는 방법은 세 가지밖에 없다, 하나는 경찰에 전화를 하거나 경관에게 넘긴다, 다른 하나는 이쪽도 폭력을 사용하여 힘으로 해치운다, 세 번째는 돈으로 거래하기를 구한다, 이 세 가지밖에 없다, 이번 한일회담의 타결은 마지막의 돈을 사용하는 방법을 선택한 것이다, 이것으로 이승만 라인은 물러나게 했지만, 다케시마竹島는 여전히 눌러앉아 있다. 이런 표현을 사용했다고 저는 들었습니다. 이런 사고방식을 가지고 있는 찬성론, 한국 측에서 들으면 어떻게 생각하겠습니까? 저는 자민당 안에서 이런 사고방식에 대해 반성을 촉구하는 말이 나와야 한다고 생각합니다. 그렇지 않다는 것은 지금 당신의 의식 속에 병합조약이 대등하고 자주적으로 체결된 것이라는 그런 생각과 일맥상통하는 점이 있는 것입니다. 저는 매우 위험하다고 생각합니다. 다시 한 번 재고를 요청하고자 합니다.

010 사토 에이사쿠

○ 사토 내각총리대신 방금 이시바시 군은 의견을 섞어서 질문하셨습니다만, 저는 방금 선린우호의 관계를 수립하고자 한다, 이것은 전향적으로 일을 해결하고자 한다, 이런 마음입니다. 방금 말씀하신 과거를 충분히

검토한다, 그것이 필요하다, 이것을 저도 전혀 필요하지 않다고 말씀드리지는 않습니다만, 이 과거를 천착하는 것도 너무 지나치면 지금부터 수립하고자 하는 장래에 저는 반드시 산뜻한 기본이 좀처럼 되기 어렵다, 이런 점을 충분히 생각해 주시기 바란다, 이렇게 생각합니다.

011 이시바시 마사시

○ 이시바시 위원 앞서 말씀드린 것처럼, 언제부터 무효가 되는가라는 문제가 다투어지고 있습니다. 상대는 없었던 것이라고 열심히 주장합니다. 그 말의 배경에는 지금 제가 누누이 말씀드리는 것과 같은 심정이 잠재해 있는 것입니다. 이것을 이해하지 않고서, 형식적으로만, 말하자면 지배계급만 편의주의적으로 악수를 해도, 선린우호는 절대 확립될 수 없다는 점을 말씀드리고 싶습니다. 적어도 일본 국민과 한국 국민, 전 한반도의 국민이 사이좋게 되는 것이 이것이 진정한 선

린우호라고 생각하는 것입니다. 이번 회담은 그런 사상에 따라 추진되지 않았고, 조약도 그렇게 되지 않았다고 우리는 생각합니다. 그 단지 하나의 예로서 지금 제가 명시한 것입니다. 그러나 이것은 앞으로 할 질문에서 다시 순차적으로 질문하기로 하겠습니다.

그래서 질문을 시작합니다만, 그전에 외무대신에게 확인해 둘 것이 있습니다.

신문보도에 따르면 이 외무부 장관이 10일경에, 구엔 카오 키 남베트남 수상이 11일경에 일본을 방문한다고 합니다만, 사실입니까?

(이하 생략)

【역주 1】

대법원 판결문에 따르면, 원고 4명 가운데 2명은 1943년 말에 모집광고를 보고 응모해 일본으로 갔다가 1944년 2월에 현지에서 징용으로 전환되었고, 1명은 1941년에 보국대로 동원되었다가 1944년에 징병되었고, 나머지 1명은 1943년 1월 무렵에 "군산부(지금의 군산시)의 지시를 받고 모집"되어 일본으로 갔다. 즉 원고들의 경험은 모집, 관 알선, 징용 전부를 포섭하는 것이다. 그리고 학자들의 연구에 따르면 모집, 관 알선, 징용의 실체는 모두 강제동원이다.

그럼에도 불구하고 아베 수상이 "모두 모집에 응한 것"이라고 강변하며, 이전에 사용하던 '징용공 문제'라는 용어 대신에 '구 조선반도 출신 노동자 문제'라는 용어를 사용하겠다고 한 것은, '징용'이라는 용어가 강제동원되었다는 인상을 준다는 이유에서, '징용도 아니고 모집에 응한 것이니 자발적인 것이었다'라고 주장하기 위함이다. 따라서 '구 조선반도 출신 노동자 문제'는 전형적인 기만어법이다.

아베 수상이 기만어법을 동원한 것은, 이때가 처음이 아니다. 그는 2007년 3월 5일의 참의원 예산위원회에서 "관헌이 집에 쳐들어가 사람을 유괴하듯이 끌어간다고 하는 그런 강제성", 곧 이른바 '협의의 강제성'이 문제라며 강제연행의 의미를 자의적으로 축소했다. 이어서 열흘 뒤인 3월 16일에 아베 정권은, 1993년 8월 4일의 일본 정부에 의한 일본군 '위안부' "조사결과 발표 때까지 정부가 발견한 자료에서는 군이나 관헌에 의한 이른바 강제연행을 직접 드러내는 기술은 발견되지 않았다."라고 각의결정했다. 그러고는 이후 일본 정부는 이 각의결정의 내용을 앵무새처럼 되뇌고 있다.

강제연행이라는 용어의 법적·상식적 의미는 '본인의 의사에 반하여 끌고 가는 것'이다. 아베의 '협의의 강제성'이 노리는 것은 그 법적·상식적 의미의 강제연행이 없었다고 강변하는 것이다. 이것은 고노 담화의 '본인의 의사에 반하여 모집'되었다는 사실인정을 지우기 위함이다. 국제사회의 압력 때문에 고노 담화를 폐기하지는 못하는 입장에서, 그래서 어쩔 수 없이 고노 담화를 전체적으로 계승한다고 밝힐 수밖에 없는 입장에서, 실제로는 그것을 형해화시키기 위해 아베의 발명품인 '협의의 강제성'이라는 기만어법을 동원하고 있는 것이다.

아베 수상의 기만어법은 스가 수상에 의해 계승되었다. 스가 정권은 2021년 4월 27일에, '종군'이라는 용어를 사용하면 피해자들이 강제연행되었다거나 군의 일부였다는 오해를 불러올 수 있다는 이유로, '종군위안부'라고 하는 것은 옳지 않고 그냥 '위안부'라고 하는 것이 적절하다고 각의결정했다.

그런데 한국을 포함한 국제사회에서는, 이미 1990년대 중반에 '종군'이라는 용어가 '자발성'을 함의하기 때문에 실체에 부합하지 않는다는 이유로 종군위안부라는 용어를 사용하지 않기로 하고, 대신 일본군의 문서에서 발견되어 역사적인 의미도 있었고 일반적으로 널리 알려지기도 했던 위안부라는 용어를 사용하되 그 역시 실체에 부합하지 않는다는 점을 표시하기 위해 반따옴표를 붙이고, 그 앞에 가해의 주체를 명확하게 하기 위해 일본군을 추가하여 일본군 '위안부'라는 용어를 사용하고 있다. 스가 정권의 위 각의결정은, 그와는 정반대의 이유로, 다시 말해 '위안부'는 일본군과는 관련이 없다고 강변하기 위해 '종군'이라는 용어를 폐기한 것이다.

이 또한 고노 담화의 '이른바 종군위안부'라는 용어를 표적으로 삼아 공격함으로써 고노 담화가 인정한 일본군의 '관여'를 부정하기 위해 기만어법을 동원하는 것이다. 그런데도 위의 각의결정에는 고노 담화를 계승한다고 되어 있다.

이렇게 기만어법과 '한 입으로 두말하기'는 아베 정권 이래 일본 정부의 고질적인 버릇이 되어 있다. 매우 유감스러운 일이 아닐 수 없다.

【역주 2】

아베 정권의 스캔들인 '모리토모森友 학원', '가케 加計 학원', '사쿠라(벚꽃)를 보는 모임'의 합성약어이다.

【역주 3】

2021년 4월 21일, 서울중앙지방법원 제15민사부(민성철, 이미경, 홍사빈 판사)가 일본군 '위안부' 피해자 등 20명이 제기한 소송에 대해 요건을 갖추지 못해 부적법하다며 원고들의 청구를 내치는 각하 판결(2016가합580239)을 선고하였다. 이 판결은 '2015 합의' 1주년에 맞추어 2016년 12월 28일에 추가로 제기된 2차 소송에 대한 판결이다.

이것은 2021년 1월 8일의 원고 전면 승소 판결과는 정반대의 결론을 담고 있는 판결이다. 상세한 분석은 별고로 돌릴 수밖에 없지만, 결론적으로 이 판결은, 관습국제법인 국가면제를 지극히 폐쇄적으로 파악하고 있다는 점, 2015년 12월 28일에 한일 외교장관 공동기자회견을 통해 발표된 이른바 '합의'가 '대체적 권리구제 수단'이라는 판사의 정치적 주장을 앞세우고 있다는 점, 법보다는 힘과 돈을 절대시하고 있다는 점 등에서 심각한 문제를 안고 있는 것이다.

이 판결에 대해서는 1심 원고들이 2021년 5월 6일에 항소했다.

저·역자 소개

지은이 **도츠카 에츠로**戶塚悅郎

1942년 시즈오카靜岡현 출생

현직: 변호사(2018년 11월 재등록). 영국왕립정신과의학회
　　명예 펠로. 일중 친선교육문화 비즈니스 서포터 센터 고문.

학력: 이학사, 법학사(릿쿄立敎대학). 법학 석사(LSE·LLM).
　　박사(리쓰메이칸立命館대학·국제관계학)

경력: 1973년 4월 제2도쿄東京변호사회 및 일본변호사연
　　합회 입회(2003년 3월 공직 부임으로 퇴회). 약해藥害
　　스몬 소송 원고대리인.

　1984년 이후, 국제연합 NGO 대표로서 국제적 인권옹
호활동에 종사. 국제연합 등 국제 무대에서 정신장애자
등 피구금자의 인권 문제, 일본군 '위안부' 문제 등의

인권 문제에 관계해 왔음.

2000년 3월 고베神戶대학 대학원 국제협력연구과 조교수를 거쳐 2003년 4월 류코쿠龍谷대학 법학부·법과대학원 교수(2010년 정년퇴직). 1988년 이후 현재까지 영국, 한국, 미국, 캐나다, 핀란드의 대학에서 객원연구원·교원을 역임.

연구 경력: 국제인권법 실무 전공. 근년에는 한일 구조약의 효력문제 및 안중근 재판의 불법성에 관한 연구를 진행, 일본의 탈식민지화 프로세스 촉진에 노력하고 있음. 주편저로는 (공편)《정신의료와 인권》(1~3)《일본이 모르고 있는 전쟁 책임》《국제인권법입문》《ILO와 젠더》《국제연합이사회》《'징용공 문제'란 무엇인가 – 한국 대법원 판결이 묻고 있는 것》(明石書店, 2019)《역사인식과 한일 '화해'의 길》(日本評論社, 2019). 기타 일본어, 영어로 쓴 논문 다수.

옮긴이 **김창록**金昌祿

1961년생.

현직: 부산대, 건국대 교수를 거쳐 현재 경북대 법학전문 대학원 교수로 재직 중임.

학력: 서울대 법대에서 학사학위, 대학원 법학과에서 석 사 · 박사학위를 취득함. 박사학위논문은 〈일본에서의 서 양 헌법사상의 수용에 관한 연구 -《대일본제국헌법》의 제정에서 《일본국헌법》의 '출현'까지〉.

경력: 1991년부터 2년 동안 도쿄東京대학 대학원 법학정 치학연구과에서 수학함. 일제강점하강제동원피해진상규 명위원회 위원, 여성가족부 일본군 위안부 피해자 생활 안정지원 및 기념사업 심의위원회 위원, 법과사회이론학 회 회장, 한국법사학회 회장, 일본군 '위안부'연구회 회 장 등을 지냄.

연구 경력: 전공은 법사학法史學이며 주로 한국 근현대 법 사와 한일관계 법사를 공부해 옴. 구체적으로는 일제강 점기의 법제도와 법사상, 대한민국의 법적 정체성, 한일 관계의 법적 측면으로서의 과거청산 등을 연구함. 대표 논문으로 〈제령에 관한 연구〉(《법사학연구》 26, 2002);

〈일본에서의 대일과거청산소송 – 한국인들에 의한 소송을 중심으로〉(《법사학연구》 35, 2007); 〈한일 〈청구권협정〉에 의해 '해결'된 '권리' – 일제 '강제동원' 피해 관련 대법원 판결을 소재로〉(《법학논고》 49, 2015); 〈법적 관점에서 본 대한민국의 정체성〉(《법과 사회》 59, 2018) 등이 있음.